El punto G

La conquista del placer

El punto G

La conquista del placer

Dra. Elena Bateman

Grupo Editorial Tomo, S.A. de C.V.,
Nicolás San Juan 1043,
03100, México, D.F.

1a. edición, mayo 2007.

© *El Clítoris. La conquista del placer*
Dra. Elena Bateman
Copyright © FAPA EDICIONES, S.L.
Art. 88 P.O. BOX 19120
08041 Barcelona (España)

© *El punto G. La conquista del placer*
2007, Grupo Editorial Tomo, S.A. de C.V.
Nicolás San Juan 1043, Col. Del Valle
03100 México, D.F.
Tels. 5575-6615, 5575-8701 y 5575-0186
Fax. 5575-6695
http://www.grupotomo.com.mx
ISBN: 970-775-277-7
Miembro de la Cámara Nacional
de la Industria Editorial No. 2961

Formación tipográfica: Ana Laura Díaz
Diseño de portada: Karla Silva
Supervisor de producción: Leonardo Figueroa

Impreso en México - *Printed in Mexico*

Nota del editor

El libro que hoy presentamos, *El punto G. La conquista del placer*, debe su origen al interés mostrado por muchos lectores que se han dirigido a nosotros solicitando información relativa a publicaciones sobre sexualidad, por lo que se decidió incluir el presente título en nuestras colecciones, cuyas dos primeras ediciones han tenido gran éxito entre nuestros lectores en Estados Unidos. Esta favorable acogida nos lleva a emprender una tercera edición ampliada y que incluye nuevos aspectos de este controvertido tema, tan útil y necesario para nuestras lectoras y lectores.

Este volumen no pretende ser un tratado de sexología, sino un texto que intenta trazar un panorama lo más completo posible sobre el eros femenino, ese aspecto de nuestra realidad tan ignorado y relegado a un segundo plano, hasta el momento.

Este libro pretende ofrecer información clara, documentada, seria, útil y práctica de las más elementales cuestiones del eros humano, que proporcione una sana y necesaria información a lectoras y lectores, que ya sea por su edad o por la desinformación que impera en nuestra sociedad al respecto, desconozcan los aspectos fundamentales de las relaciones intersexuales. La elección de este título se debe a que creemos que el placer no nos es dado gratuitamente, ni se limita a ser una mera reacción química, física o animal, sino que es una conquista del espíritu y de la mente, mediante el conocimiento humano y la delicadeza del trato.

El texto lo hemos dividido en seis partes, independientes pero interrelacionadas: *Parte I*, El aparato reproductor; *Parte II*, La erogenicidad; *Parte III*, El amor y el sexo; *Parte IV*, La experiencia sexual; *Parte V*, Juegos y estimulantes; *Parte VI*, Estilos culturales. También incluimos un glosario, en el que tratamos de evitar los términos muy técnicos.

Destacados investigadores han venido desvelando, a través de sus trabajos científicos, en laboratorios, con encuestas y en su experiencia clínica, muchas dudas sobre la sexualidad humana, tratando de combatir la gran ignorancia que todavía pervive en este campo del conocimiento humano. Por otro lado, el importante desarrollo y perfeccionamiento de los métodos anticonceptivos, con la píldora a la cabeza, ha permitido una liberalización de las prácticas sexuales, lo que lleva aparejada la lógica curiosidad por conocer todo lo inherente al fenómeno erótico.

Hoy queremos entregarles este texto, que pretende abordar la sexualidad en su faceta de prodigadora de placer

–más allá de su función meramente reproductora– al alcance de todos los jóvenes o no jóvenes, que aspiren a conocer mejor su pareja para relacionarse con ella de manera armoniosa y lograr ayudarse en esta difícil tarea de llegar a ser lo más plena y profundamente felices.

Confiamos en que este libro –una guía documentada para orientarnos por los laberintos del placer– responda al gran interés de nuestros lectores.

Prólogo

Abordar el tema de la sexualidad femenina, se convirtió para mí en un gran reto desde el inicio de este proyecto. Cuando me propusieron el tema en la editorial no tuve dudas al respecto. Encargos de este tipo te ayudan a vivir, en la medida que te llevan a reflexionar sobre aspectos esenciales de tu propia vida.

Sin embargo, es importante aclarar que el tema del eros femenino no es un tema fácil, ya que forma parte de los temas tabú en nuestra sociedad. Aunque a veces tenemos la impresión de estar asistiendo al siglo del "destape" y a un "boom" informativo en lo que a la nueva situación de la mujer en la sociedad se refiere, la verdad es que a la hora de la verdad los prejuicios esenciales en torno a la realidad femenina se mantienen. Lo que se vende al público es un erotismo superficial y que convierte en baladí, asuntos de gran trascendencia para los seres humanos.

El mundo del feminismo se ha volcado también sobre el tema de la sexualidad de la mujer, pero allí también encontramos mil contradicciones y miles de maneras de abordar este asunto.

En este libro intentaremos elaborar un panorama lo más amplio posible sobre los ejes de la discusión actual en torno a la sexualidad femenina, y en general, en torno a la sexualidad humana. Partimos de considerar que no podemos desligar el sexo del contexto de la realidad global del ser humano. Considerar la sexualidad como un aspecto susceptible de ser aislado, cosificado, banalizado y vendido como cualquier otra producto en el mercado, nos parece un desatino. Sobre todo teniendo en cuenta la importancia que reviste en nuestras vidas y en el terreno de nuestras relaciones afectivas y amorosas.

Nos parece, en cambio, loable todo intento por desvelar el entramado de ideas absurdas y equivocadas que se han ido construyendo, siglo tras siglo, en torno a la sexualidad humana en Occidente. Mirar esta realidad de manera más cercana, sin hipocresías, sin miedos absurdos, con verdaderos deseos de comprender y de cambiar, es absolutamente necesario y es nuestro objetivo fundamental.

Esperamos contribuir, de alguna manera, en la tarea cotidiana de lograr una vida más plena y feliz de cada uno de nosotros.

Introducción

$\mathcal{L}$a sexualidad humana se debate entre su naturaleza reproductora y el placer fisiológico inherente a ella. Con independencia de las creencias que consideran ambos aspectos de manera indisociable, esto es, que no debe haber sexualidad sino tiene la reproducción como fin único –cuestión que quizá fuera así en el origen de los tiempos, como así es en las demás especies animales– lo cierto es que la mujer y el hombre pueden y quieren separar una de otra, pues la actividad sexual en sí misma, ejercida libre y voluntariamente, es una necesidad esencial que hay que satisfacer, y cuya satisfacción comporta no sólo, ni principalmente, el placer sexual por excelencia, es decir, el orgasmo; sino un equilibrio mental y un bienestar general derivados de la adecuada liberación de la energía instintiva o libido, que repercute en una sana personalidad y un equilibrio psicológico. Por el contrario, la frustración de esta necesidad, ya sea por erróneas creencias o por desconocimiento de la más elemental anatomía y fisiología, como también de los pormenores técnicos para conducir y liberar satisfactoriamente la excitación libidinal, origina en las personas síntomas emocionales que pueden derivar en una patología neurótica.

En consecuencia, se advierte fácilmente la importancia que adquiere el autoconocimiento y la comprensión del propio cuerpo, y del propio YO, para el armónico desarrollo y potenciación de la personalidad. No menos importante es el correspondiente conocimiento del sexo opuesto. Tanto es así, que en Estados Unidos se creó hace muchos años la *Presidential Comissión*, la cual prevenía contra la represión sexual, fomentando la discusión sincera y abierta de la sexualidad en la sociedad, y que, entre otros resultados, dio lugar a la demanda de asesoramiento sexual tanto por individuos como por parejas.

Las prácticas sexuales humanas y sus distintos códigos según culturas y épocas, han sido registradas a través de la historia por los historiadores, antropólogos, psiquiatras y otros estudiosos. Destacan, por la gran influencia que ejercieron, los estudios de Sigmund Freud. Posteriormente, otros investigadores, como Kinsey, y después Master y Jhonson, realizaron estudios más concretos. Así, Kinsey recogía en unos informes (1948-1953) la frecuencia, el grado y el tipo de prácticas sexuales, que hasta entonces eran conocidas sólo por deducción, ya que se mantenían en el mayor secretismo debido a puritanos complejos.

Por su parte, William H. Master y Virginia Jhonson llevaron a cabo la primera investigación acerca de las respuestas fisiológicas a la estimulación sexual, y crearon un método de tratamiento para los problemas sexuales específicos de la pareja, en el que el objetivo es establecer o restablecer en ella la comunicación, aclarando, discutiendo y elaborando planes activos por parte de ambos miembros, poniendo énfasis en el carácter natural de la función del sexo. Abraham Maslow, profesor de psicología, fue uno de los científicos que insistieron en la importancia de las necesidades básicas del hombre, entre ellas los instintos, como el sexo. Después de estos investigadores pioneros se han sucedido los estudios sobre sexualidad, desde todos los ángulos, y han proliferado los gabinetes de asesoramiento sexual, tan visitados como los de los psicólogos y psiquiatras, dicho esto con toda intención de indicar hasta qué punto el sexo es importante y hasta qué punto se le presta atención.

Recientemente, el Instituto Nacional de Estudios Demográficos, de París, ha difundido los resultados comparativos entre Francia y otros países de la Comunidad Europea –entre los cuales, por cierto, no figura España–, respecto a los hábitos sexuales. En resumen, establece que en la década de 1990 se han manifestado tres cuestiones de gran relevancia. La primera es que las personas de 50 a 70 años se manifiestan sexualmente más activas que nunca, fenómeno que según el informe citado, puede considerarse una verdadera "revolución silenciosa". Según el informe, en 1992, el 72% de los hombres decía haber tenido una relación sexual en el mes precedente, en comparación con el 65%, en 1970; cabe destacar que la proporción es superior en las mujeres, que ha pasado del 52% al 64% en ese mismo periodo de tiempo. La segunda cuestión es que la edad de la primera relación ha sufrido un notable adelanto, de "al menos dos años" respecto a la década de l950, con Islandia a la cabeza, donde se cifra en un promedio de 16.3 años, y también es mayor la precocidad en las jóvenes; el promedio en Francia, Gran Bretaña y Alemania se sitúa en los 18 años. La tercera novedad es que el número de parejas homosexuales –masculinas o femeninas– estables también ha aumentado.

A pesar de los datos que constantemente ponen de manifiesto informes y estudios sobre la vitalidad y la realidad sexual de la mujer, no en todas las culturas, ni en todas las épocas se le ha reconocido y respetado esa necesidad natural.

Acerca de las distintas concepciones, creencias, mitos y tabúes que pueblos y religiones han tenido y tienen sobre la sexualidad femenina –también en los aspectos fundamentales de su libertad–, podría escribirse muy extensamente, aunque no es nuestro objetivo en el presente libro. Pero citemos, sólo, por su enorme trascendencia y tremendas consecuencias, la práctica aberrante y salvaje que todavía hoy sufren cientos de miles de mujeres en diversos países del planeta: la ablación del clítoris antes de la pubertad, con el único objetivo de privarlas del placer sexual que únicamente con la preservación de este órgano pueden alcanzar.

Ningún hombre desconoce lo que ello significa, y sólo tiene que pensar en lo que para él representaría la castración, por lo cual no hay religión ni ideología ni argumento que pueda justificar semejante práctica, bárbara entre las bárbaras. Sólo un dato: en la fecha de publicación de este libro, en Egipto, el 97% de las mujeres han sufrido la ablación clitorídea, y en muchas ocasiones también la de los labios mayores de la vulva. Como los demás derechos humanos, llegará el día el que el derecho a la integridad física pueda ejercerse plena y legítimamente en todos los ámbitos de la Tierra.

Pero nuestras páginas van dirigidas a las mujeres y a los hombres que, afortunadamente, viven en sociedades libres y avanzadas, o que persiguen serlo, donde la actividad sexual tiene lugar en plenitud de facultades y en igualdad de condiciones, por lo que es absolutamente necesario y deseable que cada sexo tenga un perfecto conocimiento del otro a fin de que en el juego del amor ambos sexos obtengan el máximo placer o, lo que es igual, la máxima felicidad.

Breve reseña de la historia de la sexualidad femenina

Cuando se habla de igualdad de los sexos es paradójico observar que uno de los puntos al cual se le ha dado menor importancia es al de la sexualidad femenina. La presencia del hombre como ente de la satisfacción sexual, y el papel de la mujer como procreadora eterna, han relegado esta temática cultural, en todos los procesos sociales, a un segundo plano.

En la historia de la humanidad, el referente femenino ha sido positivo en su relación con el destino de los pueblos. A partir de Grecia, en su mitología, las diosas marcaban y predestinaban situaciones que permanecen vigentes hasta hoy. En esta introducción situaremos a la mujer en lo posible en todos los estadios culturales e históricos del ser humano desde los periodos antiguos y modernos, hasta nuestros días. Con este breve recuento podremos conocer un poco más la importancia de lo femenino en la historia social y su papel en la sexualidad, y por lo tanto comprender el rol que corresponde a la mujer en el tejido de las relaciones humanas de esta época.

La mujer en la cultura griega: mujer esposa, mujer cortesana, mujer hermana y mujer hija que caminaba por las calles de Atenas, no difiere mucho de la que se observa en los textos descritos por los mismos autores griegos.

Cada una de ellas representa un tipo de mujer, que en su función de esposas de guerreros, se quedaban en casa cuidando el hogar y esperaban el tiempo que fuera necesario el regreso de sus esposos. Matrimonios que en muchos casos se concertaban por conveniencia o pacto entre familias. Por otra parte, las cortesanas, mujeres de una belleza e inteligencia incomparable, pretendidas por hombres ricos, quienes terminaban siempre sufragándoles un tren de vida lujosa. Mujeres amantes: esta mujer griega recibía una educación artística y musical, participaba en los coros y en reuniones poéticas. Podemos suponer que existía una cierta libertad en el campo de su sexualidad.

En el mundo griego, las relaciones homosexuales no eran consideradas como tales, sino solamente una experiencia erótica más. Las compañeras de Safo de Lesbos (poetisa que habla sobre el erotismo femenino) estaban destinadas al matrimonio, pero no por ello condenadas a ignorar los placeres y el goce de una sexualidad plena. El discurso que elabora la Medea de Eurípides sobre su condición de mujer, nos habla claramente de este contexto Griego:

De todo cuanto respira y tiene conciencia, nada hay que tenga más motivos para lamentarse que nosotras, las mujeres. Primero, debemos pujar y comprarnos un marido, que será dueño de nuestro cuerpo, desgracia más pesada que el precio que lo paga. Pues nuestro mayor riesgo está ahí: ¿Es buena o mala la compra? Separarse del marido es deshonrarse, y rechazarlo está vedado a las mujeres. Al entrar en un mundo desconocido, en leyes nuevas de las que la casa natal no ha podido enseñarle nada, una joven debe adivinar el arte de usarlas con su compañero de cama. Si a duras penas lo consigue, si él acepta la vida común llevando de buena gana el yugo con ella, tendrá una vida envidiable. Pero si no, mejor es la muerte. Porque un hombre, cuando su hogar le da asco, no tiene más que irse para disipar su aburrimiento a casa de un amigo o de alguien de su edad. Nosotras no podemos volver los ojos más que hacia un solo ser (E., Medea 230-247).

Todo lo que se ha escrito acerca del comportamiento sexual de las mujeres en la época Clásica, ha sido descrito y escrito por hombres. El único texto totalmente femenino es escrito por Safo. Por lo tanto, se parte de una visión masculina de esta realidad.

La imagen de la mujer, en estos textos, está siempre circunscrita al papel que jugaban como motivo de las contiendas, o simplemente su presencia se limitaba a la espera de su compañero guerrero. No obstante, también se muestra a las mujeres guerreras de la vida real, aquellas que, muy bellamente, describe Aristófanes en su comedia Lisístrata. "La heroína de la pieza, la ateniense Lisístrata, trata de convencer a las mujeres de toda Grecia de que declaren la huelga del amor, de que rehúsen a sus esposos para obligarlos a hacer la paz, poniendo fin a la guerra que, desde hace años, enfrenta a las dos ciudades más poderosas, Atenas y Esparta. Lisístrata tiene todas las dificultades del mundo para obligar a sus compañeras a que respeten la decisión tomada y renuncien a lanzarse en busca del lecho conyugal y sus placeres". (Claude Mossé, *La sexualidad de la mujer griega: época Arcaica y Clásica*). Para empezar el tema de la mujer en la época romana, transcribiremos un poema de la única poetisa romana clásica, Sulpicia, este poema conocido como Tibulo es escrito a su amante Cerinto:

Al fin me llegó el amor, y es tal que ocultarlo por pudor antes que desnudarlo a alguien, peor reputación me diera. Citerea, vencida por los ruegos de mis Camenas, me lo trajo y lo colocó en mi regazo. Cumplió sus promesas Venus: que cuente mis alegrías quien diga que no las tuvo propias. Yo no querría confiar nada a tablillas selladas, para que nadie antes que mi amor me lea, pero me encanta obrar contra la norma, fingir por el qué dirán me enoja: fuimos la una digna del otro, que digan eso". Trad. Aurora López, *No sólo hilaron lana*: (*Escritoras romanas en prosa y en verso*, Madrid, 1994, pág. 83).

El tema del aborto en la época romana y los temas relacionados con la sexualidad eran reprimidos. La concepción cristiana y sus leyes eran bastante estrictas para aquellas mujeres que por uno u otro motivo resultaran embarazadas y decidieran practicar el aborto en el momento de su relación lícita o ilícita.

La mujer en esta época no pertenecía a ella misma, pertenecía a sus padres en su momento y al casarse al marido. Es decir, su sexualidad tenía que ser trasladada de un amo al otro. La mujer romana se casaba en la época de la pubertad, aproximadamente a los doce años. Antes del matrimonio el padre era el dueño absoluto de ella. Al comenzar el matrimonio, el marido se hacía cargo de ella y por ende de su vida, podía matarle o repudiarla al "cometer una falta contra la moral". El derecho romano era bastante cruel y duro en estas situaciones. Si la mujer no era prostituta y tenía una relación fuera de su matrimonio cometía un delito. Si no estaba casada se llamaba *stuprum*, si estaba casada *adulterium*. En los primeros siglos, los romanos con sus leyes autorizaban al padre a matar a su hija si cometía una falta, o al marido si estaba casada.

El padre o el marido que mataba a la mujer por algún delito específico contra la sexualidad, no cometía homicidio ni asesinato, era absuelto por estas leyes. Las mujeres tenían prohibido el consumo de vino. Si la mujer bebía vino el hombre también tenía derecho a golpearla o a asesinarla. Al parecer, y por prejuicios de esta época, el vino era una especie de aliciente que llevaba a la mujer a perder el control de sus actos, así que una forma de controlar la sexualidad era prohibiendo el consumo de este licor.

El matrimonio era simplemente una alianza conveniente para las familias de cada pareja, en cuanto a los bienes, y por lo tanto, a la procreación. El amor, la pasión no tenían nada que ver con el matrimonio. También el asunto de la fertilidad era importante. Una práctica de esta época era el intercambio de las mujeres para este fin. Las mujeres se rotaban entre sus mismos amigos o parientes con el propósito de fecundar y hacer crecer la prole.

La mujer en el medievo

La situación de la mujer entre los siglos XII al XV aproximadamente, está condicionada por la conjunción de intereses entre el Estado y la Iglesia, esta última se encarga de regir el destino privado de la mujer en cuanto al tema de la sexualidad.

Esta relación de Estado-Iglesia condicionó una sociedad totalmente patriarcal con todos los preceptos de la cristiandad, y por supuesto, discriminatoria para las mujeres. La sexualidad femenina era vista como algo desvergonzado y pecaminoso, por no decir diabólico. En la imagen del paraíso, Adán y Eva, y Eva seduciéndolo a través de la manzana, la mujer es vista como fuente del sufrimiento humano y como una amenaza para el hombre.

La mujer era como una amenaza pública y privada que generaba en el hombre, miedos e inseguridades. La mujer era encerrada, enclaustrada. Esta forma de encierro posibilitó el surgimiento de una mujer pensante, capaz de un discurso intelectual que pudo participar en debates teológicos.

La edad mínima legal para contraer matrimonio era para la mujer los 12 años y para el hombre los 15 años. Estos matrimonios eran acordados por las familias de cada uno, según conveniencia, no solamente en cuanto a la unión, sino a la dote que le pertenecía a cada uno. Ellos podían exigir este complemento económico y financiero al momento de contraer nupcias.

El adulterio era un delito mucho más grave que otros de índole sexual. La fornicación para la Iglesia era "la madre de muchos pecados, fuente de la corrupción del alma y del intelecto". El lesbianismo no era mencionado, pero sí, la homosexualidad masculina, los masturbadores, adúlteros y fornicadores. Estos últimos eran un grave peligro para la unión familiar que se buscaba, vista ésta como ente fundamental de la sociedad.

Muchas veces en los conventos monjas y monjes sucumbían a la realidad y de esta manera se las arreglaban para satisfacer sus necesidades reprimidas. En los conventos, estas mujeres enclaustradas y reprimidas, muchas de ellas por obligación o por evitar situaciones en el exterior que no eran de su agrado, desfogaban su incesante pasión sexual con los sacerdotes.

En general esta época estuvo marcada por la Iglesia, quien determinaba las leyes tanto para los hombres como para las mujeres.

Encontramos en esta época a personajes como Teresa de Ávila (1515-1582), mujer beatificada y poetisa clásica que desarrolló su amor hacia Dios a través de la literatura y de su participación en las comunidades cristianas de su época, perseguida también por su actitud individual y de conocimiento total sobre su ser. Ella es la encarnación de lo femenino enmarcado hacia el amor divino. En uno de sus textos nos dice:

"Cuando el dulce cazador
me tiró y dejó rendida
en los brazos del amor
mi alma quedó caída.

Y cobrando nueva vida
de tal manera he trocado
que es mi Amado para mí
y yo soy para mi Amado.

Hirióme con una flecha
enherbolada de amor,
y mi alma quedó hecha
una con su Criador,

ya yo no quiero otro amor,
pues a mi Dios me he entregado,
que es mi Amado para mí,
y yo soy para mi Amado".

En la etapa moderna de nuestra historia, la mujer ha venido ganando derechos y ha dejado atrás múltiples discriminaciones. Después de siglos de sometimiento la mujer se ha ganado el ser reconocida como una ciudadana con plenos derechos. No obstante, estos siglos de historia en los que la mujer estuvo sometida y maltratada, todavía pesan en nuestra conciencia. Nuestra manera de concebir el papel de la mujer en la sociedad y la familia, y por ende, nuestra manera de concebir la misma sexualidad femenina, tiene el peso de siglos de oscura historia para la mujer.

I. El aparato reproductor

El conocimiento anatómico y fisiológico del aparato reproductor y genital es esencial, porque permite entender la base biológica que sustenta la práctica sexual y los aspectos esenciales que debemos tener en cuenta a la hora de asumir esta experiencia. La labor de autoconocimiento es imprescindible en el terreno de la sexualidad. Si tenemos tan vaga idea de la configuración física del "otro" y desconocemos absolutamente hasta nuestra propia estructura genital, difícilmente podemos plantearnos llegar a realizarnos plenamente en este terreno con nuestra pareja. En este apartado describiremos la anatomía de los órganos reproductores y genitales tanto del hombre como de la mujer.

Genitales femeninos internos

El conocimiento y el desconocimiento de muchos aspectos de nuestra sexualidad está condicionado culturalmente.

Los hombres suelen asumir su sexualidad con naturalidad y hasta con un cierto orgullo viril, mientras que las mujeres suelen desconocer casi todo sobre sus órganos sexuales, que se proyectan al interior de su organismo.

La visión que solemos tener sobre nuestro propio cuerpo, hace parte de nuestra filosofía de la vida. En torno a los órganos genitales femeninos se tejen prejuicios, silencios y leyendas que solemos compartir, sin comprenderlas a cabalidad. En ese discurso que nos acompaña sin que seamos muy conscientes de él, la vagina es ese lugar oscuro, cavernoso, desconocido, que se asocia con una vergonzante humedad y con olores inconfesados.

Nos dice Elisabeta Leslie Leonelli, en su libro *Más allá de los labios*:

El enigma de la femineidad es el enigma de la oscuridad, el del agujero sin fondo. La vagina se encuentra más allá de la columna de Hércules, de sus labios, tras lo que se halla la muerte. El conocimiento se detiene ante la oscuridad, o frena el miedo, se halla presa del terror.

Es necesario, por tanto, estar conscientes de aquellos nuestros más oscuros temores y comprender la necesidad de tener una idea más cierta y cercana a la realidad respecto a las características de la anatomía de nuestros genitales y de todos los órganos del cuerpo que participan en la experiencia de nuestra sexualidad. Ahora pasaremos a mirar con detenimiento la anatomía de estos órganos femeninos. El aparato genital femenino interno está compuesto por los ovarios, las trompas uterinas, el útero o matriz y la vagina (fig. 1).

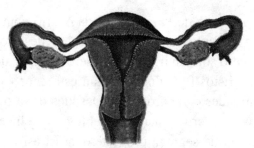

Fig. 1. Aparato genital femenino

El ovario (3) es un órgano par, de forma ovalada y aplanada, cuyo tamaño adulto es aproximadamente el de una almendra. Está cubierto por una fina corteza en la que se desarrollan los folículos ováricos que contienen los óvulos, los cuales son expulsados mediante el fenómeno de la ovulación que da origen a la menstruación. El óvulo, la célula humana más grande, aunque su tamaño es de sólo 0.1 mm, es el elemento reproductor femenino, el cual, una vez fecundado por el espermatozoide masculino, da origen al embrión humano (Ver fig. 2).

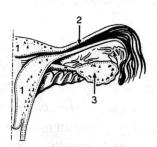

Fig. 2. El ovario

El ovario (3) como órgano reproductor femenino, produce los óvulos y las hormonas en un ciclo regular. Existen dos ovarios, ubicados en la parte inferior del abdomen, uno a cada lado de la matriz. Cada ovario contiene numerosos folículos en cuyo interior se desarrollan los óvulos, pero sólo un pequeño número de ellos alcanza la madurez. Estos folículos segregan estrógenos y pequeñas cantidades de andrógenos. Después de la ovulación se forma un cuerpo amarillo en el lugar que ha estallado el folículo que segrega progesterona. El estrógeno y la progesterona regulan los cambios en la matriz durante el ciclo menstrual y el embarazo.

Las trompas uterinas (2) son los conductos que comunican cada uno de los ovarios con el útero, y sirven para conducir el óvulo maduro al útero, donde anidará y comenzará a anidarse el embrión.

El útero (1), por su parte, es un órgano único, hueco, situado en el centro de la cavidad pélvica, delante del recto y detrás de la vejiga. Las fibras de la musculatura de sus paredes, extraordinariamente gruesas, tienen una enorme capacidad elástica a fin de poder contener el feto durante el embarazo.

Se divide en tres partes: *superior* o *cuerpo uterino*, que es la más ancha y donde desembocan las trompas uterinas; la parte *media* o *fondo uterino*, más estrecha que la anterior, la parte *inferior*, *cérvix* o *cuello uterino*, de forma cilíndrica, y que comunica con la vagina a través del orificio cervical externo, cuyos bordes se denominan labios.

El *útero*, como parte del aparato reproductor femenino, tiene como función esencial la implantación del embrión en su pared interna y alimentar el feto con la

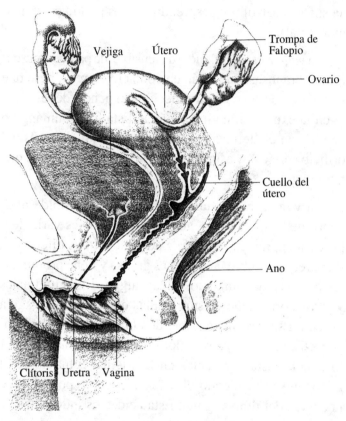

Vejiga   Útero   Trompa de Falopio

Ovario

Cuello del útero

Ano

Clítoris   Uretra   Vagina

Fig. 3. El útero

sangre materna. El *útero* es un órgano en forma de pera de unos 7.5 cm de largo. Su parte superior está conectada con las trompas uterinas y la parte inferior se une a la vejiga en la cérvix. El útero posee una mucosa interna que lo cubre y una gruesa pared de músculo liso. Durante el parto, esta gruesa pared sufre unas fuertes contracciones para lograr que el feto se expulse a través de la cérvix y de la vagina. Cuando no hay embarazo, esta pared interna sufre desarrollo y desprendimientos periódicos (ciclo menstrual).

La *vagina* es un conducto distensible, de paredes musculomembranosas, que están en contacto entre sí, pero que se separan durante la introducción del pene o del espéculo en la exploración ginecológica. Ésta forma un ángulo de 90° con el útero, con el cual se comunica a través del orificio cervical, y asimismo con la vulva, a través del orificio vaginal.

La *vagina* es un tubo fibromuscular que mide alrededor de 8 cm de largo, aunque su tamaño es variable y posee una gran capacidad de adoptar formas diferentes. La pared que cubre la vagina es gruesa y tiene prominentes pliegues denominados rugas, algunos longitudinales y otros horizontales. Estas células que cubren la vagina poseen a su vez una especie de almidón llamado glicógeno. La acción fermentadora de las bacterias, que por lo general están presentes en la vagina, actúa sobre el glicógeno produciendo el ácido láctico responsable de la acidez del flujo vaginal. Esta acidez es indispensable para mantener en buen estado de salud la vagina e impedir que se multipliquen las bacterias.

La *vagina* se lubrica, además, con una especie de sudor cuando se excita sexualmente. Por otra parte, el mucus secretado por el útero y la sudoración vaginal forman una secreción vaginal normal que es inodora e incolora.

La *vagina* también posee un recubrimiento muscular que se extiende en forma longitudinal y una gran cantidad de vasos sanguíneos. Estos músculos son los encargados de abrir o cerrar el espacio vaginal. Se dice que en la parte superior de la vagina, exactamente detrás del hueso púbico, existe un tejido eréctil, que sería el responsable de orgasmos muy intensos. Es el llamado punto G, del que hablaremos con detalle, más adelante.

Fig. 4. Vagina en reposo con las paredes en contacto

El *himen* (del latín *hymen*, membrana) es un tejido membranoso en forma circular que se rompe en el momento del primer coito, provocando una discreta hemorragia. El orificio vaginal está semitapado por el himen, que, una vez rota tras el primer coito o desfloración, presenta unos bordes irregulares con indentaciones. La pared vaginal interna o mucosa vaginal es notablemente gruesa y está revestida transversalmente de numerosos pliegues.

El *himen* protege la abertura de la vagina. La mayoría de las veces está perforado, lo que permite el paso de la sangre menstrual. Su grosor y rigidez varían mucho. Suele desgarrarse durante la niñez, al hacer ejercicios, manejar bicicleta o montar a caballo, por lo que es difícil que el himen llegue intacto al primer coito, lo que a su vez facilita la primera penetración vaginal.

Genitales femeninos externos

El aparato genital femenino externo está constituido por la vulva, los labios mayores, los labios menores, el vestíbulo vaginal, el clítoris y el bulbo vestibular.

La *vulva* es el órgano genital femenino externo por excelencia. También se la denomina pudendum. La vulva constituye un área del cuerpo femenino muy erótica, es muy sensible al tacto y tiene la función además de proteger las aberturas vaginal y uretral.

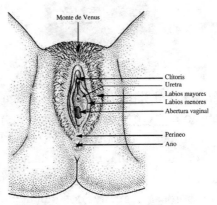

Fig. 5. La estructura de la vulva

En la parte superior de la vulva encontramos un tejido graso, recubierto por piel que llaman *monte púbico* o *monte de Venus*. Éste cubre la unión anterior de los huesos pélvicos y actúa como colchón durante el coito. Cuando la mujer llega a una edad adulta el monte púbico se recubre de un triángulo de vello.

El orificio externo de la vagina y la uretra están rodeados por dos pares de pliegues carnosos –los labios mayores y los labios menores–, que se extienden hacia adelante hasta el clítoris.

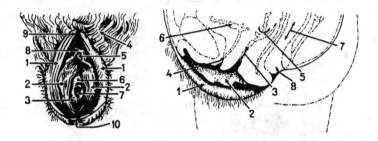

Fig. 6. Vulva

Vista frontal (izquierda): 1. Labio mayor; 2. Labio menor; 3. Himen; 4. Monte de Venus; 5. Clítoris; 6. Orificio uretral; 7. Orificio vaginal; 8. Prepucio; 9. Comisura anterior de los labios mayores; 10. Comisura posterior de los labios mayores. Sección (derecha): 1. Labio mayor; 2. Labio menor; 3. Vagina; 4. Meato urinario; 5. Cérvix uterino; 6. Vejiga urinaria; 7. Intestino recto; 8. Orificio anal.

Los *labios mayores*, dos gruesos pliegues cutáneos, se extienden desde el ano hasta la parte frontal del monte púbico. Estos labios tienen un doble pliegue, que casi siempre se hallan juntos, ocultando los demás órganos genitales externos. Los labios están compuestos por tejidos fibrosos y grasos, poseen folículos pelosos y sebáceos y además glándulas apocrinas. Estas glándulas generan una clase particular de sudor oloroso que se convierte en una atracción y en un estimulante sexual para muchos hombres.

Tanto los labios, como el pubis, están cubiertos de pelos cortos y particularmente ensortijados. Entre estos labios se encuentran los labios menores, exentos de pelos, pero con glándulas sebáceas, y cuyos extremos superiores rodean el clítoris por detrás, y por delante se unen formando un pequeño pliegue denominado frenillo.

Fig. 7. Vulva de labios gruesos   *Fig. 8. Vulva de labios delgados*

En esencia, los *labios menores* no son otra cosa que pliegues de piel situados entre los labios mayores. A diferencia de los primeros, los labios menores no contienen grasa, ni folículos pilosos, pero en cambio tienen un gran número de glándulas sebáceas que producen sebo para lubricar la piel. Este sebo, combinado con las secreciones vaginales y sudoríferas logran conformar una cubierta impermeable que protege contra los efectos de la orina, las bacterias y el flujo menstrual.

Estos labios pueden adoptar una gran variedad de tamaños y colores. Los labios menores pueden estar ocultos por los labios mayores o proyectarse hacia la parte externa. Durante el coito suelen congestionarse, cambiar de color y de grosor. En algunas ocasiones llegan a duplicar su tamaño.

El *vestíbulo vaginal* es el espacio delimitado por los labios menores y en él se halla el orificio de la uretra o meato, de 4 cm de longitud, y los orificios de dos glándulas secretoras de un lubricante de la vagina durante la copulación.

Fig. 9. Vista frontal de la vulva

El *clítoris* es el órgano más sensible de la vulva y se le suele equiparar con el pene del hombre. Éste es un órgano alargado, situado en el ángulo anterior de la vulva, que se bifurca en dos raíces que se unen en la línea media para formar el cuerpo del clítoris que termina en un pequeño ensanchamiento, denominado glande del clítoris (fig. 9). Su tamaño varía considerablemente, sin que esto esté en relación con el grado de respuesta sexual de una determinada mujer. Se le llama también tentigo o virga.

El clítoris está compuesto por un eje anatómico, glándulas secretoras y cuerpos cavernosos, es decir, huecos, y tejido vascular esponjoso susceptible de llenarse por afluencia de sangre.

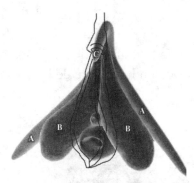

Fig. 10. Formaciones cavernosas de los genitales femeninos
A. Cuerpo cavernoso; B. Bulbo vestibular; C. Clítoris

El *clítoris* es un órgano único, si lo miramos desde el punto de vista anatómico y físico. Es imposible encontrar un equivalente de este órgano en el hombre, cuya función esencial es recibir y transmitir estímulos sexuales y cuyo objetivo principal es el de iniciar o elevar los niveles de excitación sexual.

El *clítoris* mide de 2 a 3 cm de largo y está notoriamente replegado sobre sí mismo. La parte superior del clítoris está recubierta de una membrana sensible que contiene muchas terminaciones nerviosas receptivas. En el transcurso del coito, el clítoris duplica su tamaño normal, de la misma manera que le ocurre al pene. Es por tanto, un órgano eréctil.

El *bulbo vestibular*, son en realidad dos bulbos, puesto que está dividido simétricamente en dos partes (fig.10); su tejido es equivalente al tejido esponjoso del pene masculino, y su espesa red venosa es de la misma constitución que en el hombre.

Las *glándulas vestibulares* están situadas detrás y se inclinan ligeramente a un lado de la vagina. Los conductos internos de estas glándulas se ubican entre los labios menores y el anillo del himen, y llevan mucus lubricante a la abertura de la vagina y al interior de la vulva. Estos dos pares de glándulas se abren en el límite de la vagina con la vulva y se las denomina también glándulas de Bartholin. La función esencial de estas glándulas consiste en lubrificar la entrada de la vagina durante el coito.

La *uretra*, por su parte, es un conducto que lleva la orina desde la vejiga hasta el exterior. La extensión de la uretra femenina es pequeña, alcanza unos 3.5 cm y se abre en la vulva, entre el clítoris y la vagina.

Genitales masculinos internos

El aparato genital masculino está constituido por los testículos, las vías espermáticas, las vesículas seminales, la próstata, las glándulas bulboretrales y el pene.

Los *testículos* son dos órganos ovoides, que producen los gametos masculinos o espermatozoides. Se encuentran dentro de una bolsa, llamada escroto, fuera de la cavidad abdominal. El testículo está constituido por 250 lóbulos, conteniendo cada uno de ellos entre uno y cuatro túbulos seminíferos, en cuyas paredes se desarrollan las células seminales o futuros espermatozoides, además de otras células que sirven de nutrición y otras que segregan hormonas sexuales masculinas. Los testículos son los órganos sexuales masculinos cuya función esencial consiste en producir espermatozoides y segregar la hormona masculina.

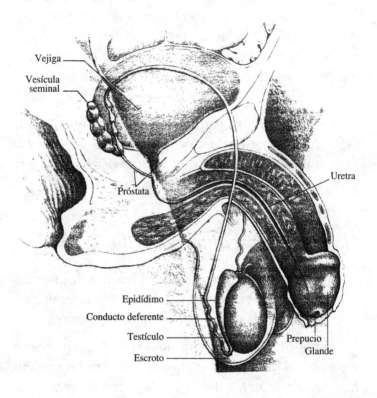

Fig. 11. Estructura de los órganos genitales masculinos

Los *testículos* son estructuras lisas y ovales. El testículo izquierdo suele estar en una posición ligeramente inferior que el testículo derecho. Cada testículo está recubierto de cuatro capas que corresponden a las diferentes capas de la pared abdominal.

Fig. 12. Testículo
Con epidímido (sección sagital). 1. Septos interlobulares; 2. Lóbulos
del testículo; 3. Cabeza del epidímido; 4. Cola del epidímido; 5. Plexo;
6. Túnica albugínea; 7. Hoja parietal de la vaginal; 8. Hoja visceral
de la vaginal.

La altura de cada testículo está controlada por unos pequeños músculos denominados *cremaster*. La posición de los testículos suele depender del nivel de excitación sexual, de las emociones de los hombres y hasta de la temperatura del escroto.

Los *testículos* se encuentran en la parte externa de los genitales del hombre porque la producción de esperma requiere una temperatura dos o tres grados inferior a la del cuerpo del hombre.

Próximos a los testículos se encuentran los *epidídimos*, que son unos conductos de 5 a 7 cm de longitud, en forma de espiral, donde permanecen los espermatozoides cierto tiempo antes de pasar a los *conductos deferentes*. Éstos, más otras estructuras de arterias, venas, nervios y vasos linfáticos, forman el *cordón espermático*, el cual, en su último segmento, recibe el conducto excretorio de la vesícula seminal y se transforma en el conducto eyaculador. Los espermatozoides se mueven pasivamente a lo largo del conducto deferente en un periodo de varios días, durante los cuales maduran y adquieren capacidad fertilizante. Se concentran y almacenan en la parte baja del epidídimio hasta la eyaculación.

La forma del *escroto* mantiene los testículos separados del cuerpo, lo que permite mantener a los espermatozoides a una temperatura inferior a los 36.5° de la temperatura corporal humana, lo que es esencial para su producción; dependiendo de la temperatura ambiente. Los testículos pueden elevarse o descender mediante la acción del músculo cremaster.

Las *vías espermáticas* tienen por función el transporte del semen desde el testículo hasta la uretra, que a su vez no es otra cosa que el conducto que va de la vejiga urinaria hasta el extremo del pene, y mide unos 16 cm de longitud. Por este mismo conducto se produce la emisión de la orina y el semen. Los conductos deferentes poseen una gruesa pared muscular cuya contracción favorece la eyaculación.

Las *vesículas seminales* constituyen un par de glándulas sexuales masculinas accesorias que se convierten en el conducto excretor del testículo antes de desembocar en la uretra. Las vesículas seminales segregan la mayor parte del líquido que compone el semen.

Estas *vesículas* están situadas a ambos lados de los conductos deferentes, en la parte posteroinferior de la próstata; se comunican con la uretra a través de los conductos eyaculadores. Cada vesícula seminal contiene de 2 a 3 mililitros de líquido pegajoso, sustancia en la que el esperma se almacena y nutre, y que constituye su vehículo para la eyaculación.

El *escroto*, como veíamos antes, es una bolsa de piel situada debajo de la raíz del pene y en la que se alojan los testículos. Su superficie se encuentra dividida por una lámina fibrosa, y esta división podemos observarla como una cresta sobre la superficie del escroto: es la cresta escrotal.

La piel que recubre el escroto es oscura y delgada y en ella podemos encontrar numerosas glándulas sebáceas y vellos aislados. Bajo esta piel encontramos un músculo liso, denominado *músculo dartos*. Este músculo se contrae cuando hace frío o cuando se realizan ejercicios, lo que deriva en la reducción de su tamaño y en su apariencia arrugada. Para producir los espermatozoides, el escroto controla la temperatura mediante la contracción o relajación de sus músculos.

La *próstata* es una glándula de tejido muscular, voluminosa, situada debajo de la vejiga urinaria, delante del recto y detrás de la sínfisis púbica, en forma de castaña. Interviene en la formación del semen y segrega un componente estimulador de los espermatozoides; tiene una función esfinteriana no voluntaria, al impedir el paso de la orina a la uretra durante la eyaculación.

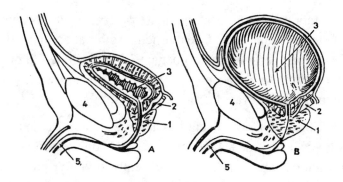

Fig. 13. La glándula prostática
*Glándula prostática. La figura A representa una glándula normal,
no hipertrófica (no engrosada). 1. Próstata; 2. Conducto deferente;
3. Vejiga urinaria; 4. Pubis; 5. Uretra peneana. La figura B representa,
en cambio, una próstata hipertrófica (engrosada) con el consiguiente
estrechamiento del conducto uretral y la retención de la orina en
la vejiga urinaria, que cede y se dilata.*

La próstata segrega un fluido alcalino durante la eyaculación que forma parte del semen. La próstata puede agrandarse en los hombres de edad avanzada. Esta situación provoca la obstrucción del cuello vesical, dificultando la micción. Esta glándula, que contiene una cápsula fibrosa, está situada justo debajo del cuello de la vejiga. La uretra masculina pasa exactamente a través del centro de la próstata, lo que significa que si la próstata se agranda, la uretra puede estrecharse y dificultar el paso de la orina.

Además de la glándula prostática, también encontramos las *glándulas Cowper*, que también aportan lubricantes al líquido seminal antes de la eyaculación.

Las *glándulas Cowper*, también conocidas como *glándulas bulboretrales* son dos pequeños órganos del tamaño de un guisante, que vierten en la uretra un líquido viscoso, ligeramente alcalino, que junto con otras secreciones ejercen una protección de la uretra de los residuos urinarios.

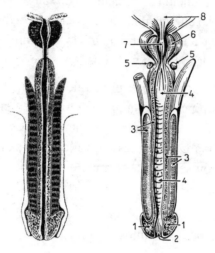

Fig. 14 y 15. Corte longitudinal del pene
Izquierda; corte longitudinal del pene. Derecha; en sección longitudinal.
1. Glande; 2. Meato urinario; 3. Cuerpo cavernoso; 4. Uretra; 5. Glándulas de Cowper; 6. Próstata; 7. Uretra prostática; 8. Vejiga.

El *pene* es el órgano de la cópula. Se compone de *raíz*, *cuerpo* y *glande* (ver fig. 11). El glande está revestido por un pliegue cutáneo libre, denominado *prepucio*, pero unido por un frenillo. En su extremo desemboca la uretra, en una hendidura vertical. En su parte interna y alrededor, existen unas glándulas sebáceas que segregan un lubricante prepucial.

En el interior del pene se halla un tejido cavernoso, que por ingurgitación de la sangre, y con la intervención también de ciertos músculos, dota al pene de su enorme capacidad de erección.

La uretra, por su parte, está rodeada por el cuerpo esponjoso. En función de la cantidad de sangre llegada al tejido cavernoso durante una ingurgitación de la fase de excitación, el pene adquiere un volumen y una longitud variable, y mantiene la erección y el consiguiente endurecimiento.

El pene, órgano masculino que contiene la uretra, sirve para eliminar tanto la orina como el semen. La mayor parte del pene está compuesta de tejido eréctil, y como ya mencionábamos antes, se rellena de sangre durante la excitación sexual, de forma que el pene adquiere una posición erecta.

Los penes varían de tamaño, siendo el promedio, en estado flácido, el de unos 9.5 cm.

Este órgano está compuesto de tejido eréctil dispuesto en tres columnas cilíndricas, dos en el reverso, los cuerpos cavernosos, y uno por debajo, el cuerpo esponjoso, que se extiende hasta la terminación del pene para formar el glande. Por el centro del cuerpo esponjoso pasa la uretra, angosto tubo que expulsa la orina y el semen.

Toda la estructura física del pene se encuentra recubierta por músculos. Los cuerpos cavernosos y esponjosos tienen en su interior una rica red de vasos y espacios sanguíneos.

Estos últimos permanecen vacíos cuando el pene está flácido, pero conservan el potencial de llenarse y expandirse con sangre durante la erección.

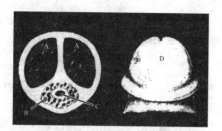

Fig. 16. Corte transversal del pene
A. Cuerpo esponjoso; B. Cuerpo cavernoso; C. Uretra; D. Glande.

El *surco coronario* es una hendidura situada alrededor de la cabeza del pene. Además, la piel que se encuentra sobre el tronco del pene forma un pliegue, que se denomina prepucio. En su lado inferior, este pliegue está unido a la superficie interior del glande por medio del frenillo. Esta pequeña franja de piel es la más sensible del órgano sexual de los hombres, y al ser estimulada puede suscitar una erección de manera rápida.

El prepucio, por su parte, puede ser eliminado por un procedimiento quirúrgico llamado circuncisión, que se lleva a la práctica por motivos higiénicos o muchas veces por razones religiosas.

La piel que recubre el pene es fina y elástica. Suele estar desprovista de grasa y se une, sin perder su movilidad, a los tejidos interiores. El pene está conformado por numerosos nervios sensoriales y por nervios del sistema nervioso autónomo que tiene su origen en la pelvis.

Al llegar al estado de excitación sexual, el pene aumenta su tamaño entre 7 y 8 cm, y además se vuelve rígido. Ya decíamos que los espacios sanguíneos y los cuerpos cavernosos se llenan de sangre. Las arterias dilatadas que los comprimen evitan que dicha sangre circule hacia las venas.

Según los estudios de Master y Jhonson, los penes que en reposo medían entre 7.5 y 9 cm en estado flácido aumentaron su tamaño en un promedio de 7.5 a 8 cm cuando estaban en erección. De esta manera los penes más pequeños vieron duplicarse su tamaño. Mientras los penes más grandes en estado de reposo (de 10 a 11.5 cm) sólo se incrementaron un promedio de 7 a 7.5 cm en estado de erección.

Fig. 17. Forma franca

Fig. 18. Forma de botella

Fig. 19. Forma de proa

Los penes pueden variar su tamaño, su color, la forma de sus cabezas y las modalidades que adoptan al estar erectos. Lo único cierto es que cada pene es absolutamente individual. En todo caso, es importante anotar que su apariencia tiene poco que ver con su eficiencia a la hora del desempeño sexual.

Hormonas sexuales

Las glándulas del cuerpo humano segregan numerosos tipos de hormonas que son transportadas por la circulación sanguínea y tienen importantes y específicos efectos activadores y reguladores de otros órganos. Las hormonas sexuales femeninas son los estrógenos y los progestágenos, y las masculinas, los andrógenos.

Los *estrógenos* –término derivado del griego *oîstros* (estro), que significa "arrebato", y *gennân*, que significa "producir"– son elaborados por el ovario, el testículo, la corteza suprarrenal y la placenta, y su función es estimular y mantener el desarrollo de los caracteres sexuales secundarios femeninos y promover el crecimiento y el trofismo de los órganos genitales de la mujer.

La excesiva producción de estrógenos en el hombre da lugar a su feminización. Los estrógenos sintéticos son uno de los componentes esenciales de las pastillas anticonceptivas.

Los *progestógenos* –término compuesto por el prefijo *pro*=delante a o antes, el latín *gestare*=llevar y el griego *gennân*=producir– son las sustancias que poseen actividad progestacional, es decir, que contribuyen a mantener el curso normal del embarazo. Un ejemplo es la progesterona, hormona secretada por el cuerpo lúteo –cuerpo amarillo– para preparar el endometrio para recibir y desarrollar el óvulo fecundado.

Estas hormonas pueden llegar a impedir la ovulación, razón por la cual se constituyen como el componente más importante de las pastillas anticonceptivas.

También se las utiliza para tratar las amenazas de aborto, la tensión premenstrual, la amenorrea y las hemorragias anormales de origen uterino.

Los *andrógenos*, palabra derivada de andro, forma prefija del griego *andró* (hombre), y también del griego *génesis* (producción), son sustancias con efectos masculinizantes, como la testosterona, secretada por el testículo, que induce los caracteres secundarios masculinos como el crecimiento de la barba, la gravedad de la voz y el desarrollo muscular.

La fuente principal de estas hormonas son los testículos, aunque también pueden ser producidas en pequeñas cantidades por el córtex adrenal y los ovarios. En la mujer la producción excesiva de andrógenos puede llevar a su masculinización.

II. La erogenicidad

El erotismo parece ser el nuevo mito de Occidente. Algunos sociólogos afirman que tras la Segunda Guerra Mundial, el erotismo habría pasado a ocupar el lugar que tenía el mito del comunismo y la revolución.

Este pasar a primer plano como tema y como meta vital, paradójicamente, ha llevado al erotismo a su trivialización. Al convertir el "placer" en el tema por antonomasia lo hemos domesticado. El impulso y la pasión que lo acompañaban en tiempos pasados, han desaparecido.

Nos dice Luis Aranguren: "El precio que el erotismo ha tenido que pagar por convertirse en el mito de nuestro tiempo ha sido la pérdida de su terrible y oscura grandeza".

El erotismo que nos venden es aquel que nos lleva a "saborear", cada momento de la actividad sexual, incitándonos a detenernos en ellos, a detallarlos, a alargarlos en el tiempo, a degustarlos lentamente. Se trata en esencia de un predominio de los refinamientos del placer sobre la violencia de la pasión. A la hora de la verdad se trata del racionalismo aplicado a lo sexual, perdiendo así su carácter de vivencia espontánea e inmediata como relación humana.

La cultura de masas que nos venden nos lleva muchas veces a colocar este erotismo superficial como fin último, como sentido de toda la vida. Un aspecto favorable de todo este proceso es que nos ha llevado a la recuperación del sentido positivo del sexo, del sexo como tal, el sexo desnudo y a secas. Se han barrido prejuicios de siglos enteros. Hemos sacado a la luz una parte de las experiencias humanas que parecía recluida casi en el terreno de lo que los puritanos consideraban lo perverso.

Otras corrientes de pensamiento han recuperado este terreno de lo sexual de una manera más profunda y trascendente. Son conscientes de la seriedad y de la importancia del sexo en nuestras vidas y llegan a plantear la vivencia del sexo como una búsqueda de lo absoluto, como una experiencia conectada con nuestros impulsos vitales, con el sentido mismo de la vida.

Un escritor como Henry Miller, por ejemplo, nos lleva en su literatura a comprender que el sexo puede ser expresión de nuestros impulsos más puros en nuestro amor por la vida misma. Se busca la comunión con los otros a través del sexo, se llega a experimentar una mística sexual, un anhelo por la felicidad, por lo Absoluto.

Esta corriente de pensamiento reconoce que hay una relación religiosa, más o menos explícita y presente, en la búsqueda erótica. Esta vertiente es en el fondo muy optimista y pretende recuperar la inocencia original del ser humano que nos dará la experiencia erótica en sí misma.

Tras esta línea de reflexión hay, además, una fe en lo erótico, en la esperanza de que la realización del eros sea un ideal capaz de llenar toda una vida. Pero ya en este punto tendremos que aterrizar y ser conscientes de que la vida consiste en otras cosas. La vida no la podemos llenar sólo con lo erótico.

Una escritora de una sensibilidad muy particular, Anais Nín, nos cuenta que en alguna etapa de su vida, ella y Henry Miller, se vieron obligados a escribir cuentos eróticos para un mecenas anónimo, que quería una literatura en la que primara el sexo y nada más que el sexo. En un momento dado de esta situación Anais le envía una carta que nos permite comprender la potencial riqueza de la experiencia erótica mirada de una manera más plena. Reproducimos aquí una parte de este texto porque nos parece esencial.

Carta de Anais:

Querido coleccionista: le odiamos. El sexo pierde todo su poder y su magia cuando se hace explícito, mecánico, exagerado; cuando se convierte en una obsesión maquinal. Se vuelve aburrido. Usted nos ha enseñado mejor que nadie que yo conozca, cuán equivocado resulta no mezclarlo con la emoción, el hambre, el deseo, la concupiscencia, las fantasías, los caprichos, los lazos personales y las relaciones más profundas, que cambian su color, sabor, ritmos e intensidades.

Usted no sabe lo que se está perdiendo a causa de su examen microscópico de la actividad sexual, que excluye los aspectos que constituyen el carburante que la inflama. Aspectos intelectuales, imaginativos, románticos y emocionales. Eso es lo que le confiere al sexo sus sorprendentes texturas, sus sutiles transformaciones, sus elementos afrodisiacos. Usted está dejando que se marchite el mundo de las sensaciones; está dejando que se seque, que se muera de inanición, que se desangre.

Si alimentara usted su vida sexual con todas las aventuras y excitaciones que el amor inyecta en la sensualidad se convertiría en el hombre más potente del mundo. La fuente del poder sexual es la curiosidad, la pasión. Usted está contemplando cómo su llama se extingue por asfixia. El sexo no prospera en medio de la monotonía. Sin sentimiento, sin invenciones, sin el estado de ánimo apropiado, no hay sorpresas en la cama. El sexo debe mezclarse con lágrimas, risas, palabras, promesas, escenas, celos, envidia, todas las variedades del miedo, viajes al extranjero, caras nuevas, relatos, sueños, fantasías, música, danza, opio y vino.

¿Cuánto pierde usted a través de ese periscopio que tiene en el extremo del sexo, cuando puede usted gozar de un harén de maravillas distintas y nunca repetidas? No existen dos cabellos iguales, pero usted no nos permite gastar palabras en la descripción del cabello. No hay tampoco dos olores iguales, pero si nos extendemos sobre eso, usted exclama: "Supriman la poesía". No hay dos cutis con la misma textura y jamás la misma luz, o temperatura o

sombra, ni el mismo gesto, pues un amante, cuando es movido por el verdadero amor, puede recorrer siglos y siglos de tradición amorosa. ¡Qué posibilidades, qué cambios de edad, qué variaciones de madurez e inocencia, perversidad, arte...!

Hemos estado hablando de usted durante horas, y nos hemos preguntado cómo es usted. Si ha cerrado sus sentidos a la seda, a la luz, al color, el olor, el carácter y el temperamento, debe usted ya estar completamente marchito. Existen multitud de sentidos menores, que discurren como afluentes de la corriente principal que es el sexo, y que la nutren. Sólo el pálpito al unísono del sexo y el corazón puede producir el éxtasis".

Etimología

El término "zona erógena" fue acuñado por Sigmund Freud en uno de sus numerosos tratados sobre la psicología humana en los que hablaba de la libido.

La libido, palabra derivada de *libido* (deseo), placer, sexualidad, tenía para este investigador un sentido globalizador. Él la entendía como la energía de la pulsión sexual y como causa de varias manifestaciones de la actividad psíquica.

La erogenicidad no se refiere únicamente a lo meramente genital. Otras partes anatómicas, de los pies a la cabeza, son lo suficientemente sensitivas para producir sensaciones de voluptuosidad. La erogenicidad está distribuida en diversas zonas corporales, distintas para el hombre y la mujer, aunque muchas de ellas son comunes, naturalmente.

El primer contacto, por definición, siempre es a través de la piel. La piel del ser humano en su totalidad, es en sí misma un órgano sensual, dada su altísima sensibilidad, tras haber perdido a través de la evolución el pelo que la cubría, y porque bajo ella se encuentran finísimas arborizaciones terminales de los nervios. Sin embargo, para que una sensación cutánea sea sensual y especialmente erógena, no basta el contacto en sí, sino que éste debe ir acompañado de la intencionalidad. La sensibilidad de la piel se debe a cientos de miles de terminaciones nerviosas que contiene –alrededor de 730 000– y que llegan a las capas más internas. En determinadas zonas de la piel, estas terminaciones nerviosas o receptores alcanzan una alta "concentración", debido a lo cual son zonas con un gran poder para inducir sensaciones directamente abocadas a crear el clímax sexual. Evidentemente, los órganos donde existe mayor concentración de estos corpúsculos, y por tanto de poder receptivo, son el clítoris, en la mujer, y el glande, en el hombre.

La estimulación de las zonas erógenas mediante un beso o una caricia, incluso una mirada –aunque no sea propiamente un tacto, sí puede decirse que es un contacto–, activa estos receptores, los cuales transportan neuronalmente este mensaje especial a un sector determinado del cerebro especializado en analizar las emociones y la excitación del carácter sexual. Cuando tiene lugar una cadena de estimulaciones adecuadas y específicas, en este sector cerebral es donde se producen una serie de reacciones bioquímicas que, al precipitarse, liberan la sensación voluptuosa por antonomasia: el orgasmo.

Ahora bien, las zonas erógenas, debido a su peculiar relación con la parte anímica más íntima de las personas, están en constante dependencia de una serie de factores, tanto internos como externos, que condicionan su "disponibilidad" receptiva. Estos factores se refieren al estado de ánimo, a la edad, a las circunstancias personales, a las características de la pareja, etc. Es decir, que la misma ultrasensibilidad que permite alcanzar un clímax placentero es susceptible de rechazar o de no aceptar ciertas estimulaciones si no son efectuadas en el momento adecuado o por la persona deseada o de una manera especial... Es importante dejar claro que estos receptores son, verdaderamente, muy estrictos en sus exigencias.

Por otra parte, fisiológicamente no hay diferencias entre las reacciones de las mujeres y hombres ante la estimulación erogénica. No obstante, la "estética" de la estimulación en sí misma, sí que puede ser, y es distinta entre culturas y etnias, y entre niveles sociales diferentes, ya que el factor amoroso está absolutamente impregnado de concepciones ideológico-sociológicas.

Zonas erógenas comunes primarias

Al hablar de zonas erógenas, nos referimos a las que con más frecuencia intervienen en el juego sexual, aunque, por supuesto, individualmente y bajo efecto de una pre-excitación, cualquier zona puede resultar erógena. Las zonas primarias son las que intervienen inicialmente en la aproximación sensual, y, por ser tan visibles, están rodeadas de una carga de significados estético-psicológicos.

El aspecto y la morfología del cuerpo humano, con sus caracteres sexuales primarios y secundarios, son una fuente de inspiración metafórica para la poderosa mente humana, que vierte sobre estos caracteres una gran carga de imágenes y asociaciones de rica fantasía. Ésta, cuando se pone en acción espoleada por el deseo, es capaz de las más fantasiosas imaginaciones, que pueden ir de lo más romántico a lo más peregrino.

Cierto etólogo, que no es necesario citar, ha manifestado que el atractivo de las nalgas femeninas es un reducto de las prominencias sexuales que poseen otros primates como señal sexual. Indudablemente, estas interpretaciones son imaginativas, pero en exceso. Las nalgas son como son, simplemente porque sus músculos son necesarios, desde el punto de vista anatómico, para mantener los huesos pélvicos en posición sedente, de la misma manera que el talón es un apoyo almohadillo para el hueso calcáneo del pie. Creemos que no hay que llegar a asociaciones de ideas tan extremas para justificar la atracción por la anatomía humana, y además, los humanos tienen una imaginación lo suficientemente rica como para crear una fantasía atractiva y virtual sin necesidad de excusas. Pero sí es cierto que muchas personas elucubran de manera increíble sobre sus sujetos eróticos. En sí, esas elucubraciones no tienen mayor trascendencia; sean del tipo que sean, son por así decirlo, la esencia personal e íntima de cada ser humano en sus vivencias y en su personalidad.

El acto amoroso implica la necesidad de explorar y reconocer al ser amado, de manera lenta y cuidadosa. Sería lamentable que un ejercicio de este tipo se hiciera de manera mecánica y fría. El contacto físico es sólo una faceta de la relación con tu pareja, pero en ella puedes expresar la naturaleza de los sentimientos que te inspira la persona con la que haces el amor. En la manera que realizas esta exploración, queda claro si te importa lo que siente tu pareja, si deseas hacerla sentir bien y feliz. También se transparenta si respetas sus sentimientos y su manera de ver el mundo.

El reconocimiento erótico debe hacerse con mucha paciencia, sin prisas, para llegar a descubrir, poco a poco, cuáles son las partes del cuerpo de tu pareja que más placer experimentan al ser tocadas y acariciadas. Trataremos ahora de hacer un inventario de las posibilidades eróticas de cada parte del cuerpo humano.

Boca: La boca del ser humano es un órgano considerablemente hábil para inducir placer. Es del dominio popular que en ella se conjugan metafóricamente los dos órganos del placer sexual por excelencia: la lengua, que algunos asocian con el pene, y los labios, que a otros les recuerda los labios vaginales. Para otros, la boca llega a evocar, cuando está cerrada y fruncida, otra zona erótica que algunos consideran tabú: el ano. Todas las partes del cuerpo reaccionan con sumo placer si se las estimula con la boca. Cuando tocamos y succionamos los pezones de nuestra pareja éstos suelen ponerse erectos, en señal de excitación.

Fig. 20. Labios. Zonas erógenas de alta sensibilidad,
a través del tacto, el beso o el lamido

Para casi todas las personas, la boca es una de las zonas más erógenas del cuerpo humano, no sólo cuando se la utiliza para estimular las zonas del cuerpo de la pareja, sino en sí misma como objeto de deseo y de manipulación. La boca podemos excitarla a través de los besos o con la yema de los dedos. La boca es rica en terminaciones nerviosas y reacciona con intensidad a todo tipo de caricias. Un beso puede en ciertas circunstancias llevarte directamente al orgasmo. Con los besos, muchas veces encontramos el punto de encuentro entre nuestros deseos y nuestros sentimientos.

Ojos: Los ojos, además de ser los vehículos de la mirada, la más sutil pero penetrante de las incitaciones, son muy sensibles al efecto causado por las emociones, de ahí que bajo la emoción sensual brillen por la afluencia del jugo lagrimal y las pupilas se dilaten. Por los ojos percibimos todos los estímulos sensuales que alimentan nuestra imaginación y estimulan nuestros deseos sensuales. Sin ellos, el juego sexual, perdería mucho de su encanto y de su brío.

Orejas: Las orejas, especialmente el lóbulo, están profusamente vascularizadas, razón por la cual al ser acariciadas reaccionan de manera especialmente sensible. El orificio del conducto auditivo es también evocador. Ésta es una de las zonas del cuerpo más excitable. Una estimulación con la boca de esta parte del cuerpo también puede llevarte, de manera directa, a un orgasmo.

Cuello: El cuello, por la gran cantidad de receptores nerviosos concentrados, especialmente en la zona de la garganta, y bajo las orejas, es una importante zona erógena.

Nuca: La parte posterior del cuello es una zona del cuerpo de mucha sensibilidad. Al recibir besos en el cuello, de cierta manera nos preparamos a seguir con los besos en otras partes de nuestros cuerpos. Esta zona es fácilmente sensibilizada, y es una de las que más rodeada está socialmente de significado, ya que invita a la delicadeza y a la ternura, y también a la posesión.

Espalda: En las mujeres, en las escápulas, y en los hombres, en la parte inferior de la espalda, se localizan zonas musculares de alta sensibilidad erótica. Las caricias iniciales en esta zona del cuerpo nos preparan y nos incitan a continuar y profundizar el juego erótico. Como estímulo visual también es importante la espalda.

MANOS, BRAZOS y AXILAS: La estimulación erótica suele comenzarse precisamente con las manos y los dedos. El tacto es el sentido esencial en el juego erótico. La habilidad y la destreza de los tactos, realizados con todo el tiempo del mundo y con ternura y suavidad, nos abren las puertas a un mundo de sensibilidad infinito. Se puede utilizar, no sólo el contacto suave, sino golpes suaves, palmaditas y fricciones. También bofetadas suaves, que además pueden contribuir a crear variedad en las sensaciones y en las técnicas de hacer el amor. Desde las yemas de los dedos, con su enorme ultrasensibilidad para transmitir sensaciones placenteras, además de la elocuencia de su lenguaje visual, hasta la axila, superexcitable, son esenciales en el juego sensual. Las palmas de las manos proporcionan un enorme placer al ser tocadas. Las caricias realizadas con las yemas de los dedos en el interior de los muslos producen una excitación muy particular. El punto débil de algunas personas son las axilas. Los besos en esta zona del cuerpo pueden acelerar el ritmo cardiaco de algunos afortunados.

OMBLIGO: La zona del cuerpo ubicada alrededor del ombligo es muy sensible. El ombligo, de la misma manera que los orificios auditivos y el pabellón de la oreja, responden de manera especial al tacto y los besos. La sensibilidad de esta zona periumbilical la convierte, tanto para hombres como para mujeres, en un área del cuerpo muy erótica.

NALGAS: Sexualmente hablando, las nalgas constituyen una zona altamente erótica por su proximidad a los órganos genitales externos. Las nalgas son sensualmente excitables, y la mayoría de los hombres y las mujeres experimentan placer cuando se las acarician. Como estímulo visual son especialmente atractivas en el cuerpo humano. En las nalgas se localizan muchas terminaciones nerviosas que pueden ser estimuladas con facilidad con palmadas o fricciones.

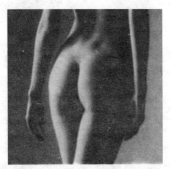

Fig. 21. Las nalgas han sido tradicionalmente un símbolo y un estímulo visual para la sensualidad

PIES, PIERNAS Y MUSLOS: Tanto para los hombres como para las mujeres las caderas son muy sensibles a los roces corporales. Tradicionalmente las piernas de las mujeres han incitado la imaginación de los hombres. En la actualidad, con el nuevo protagonismo sexual de las mujeres, las piernas masculinas se han convertido también en una zona del cuerpo muy celebrada. Pasar las yemas de los dedos, los labios y las zonas genitales por las piernas y el interior de los muslos es una práctica muy erótica. Los pies, muy sensibles en la planta y en los dedos, han recibido inmemorablemente una enorme carga simbólica como objeto erótico. Algunos fetichismos de tipo sexual concentran su atención en esta zona del cuerpo.

Zonas erógenas femeninas secundarias

Las zonas de estimulación secundarias femeninas son las que están tradicionalmente relacionadas con la exoticidad genital. Aquí se incluyen también los senos femeninos, con una enorme significación eroticosensual.

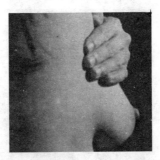

Fig. 22. Los senos femeninos han sido un símbolo tradicional de índole sexual

SENOS Y PEZONES: Los senos femeninos, que en principio tendrían sólo una función biológica, en el terreno de la lactación, son sin embargo, altamente erógenos, dada la exquisita sensibilidad de su estructura nerviosa, especialmente concentrada en la aureola y en el pezón. A lo largo de la historia de la humanidad, los pechos femeninos han jugado un papel de símbolo erótico por excelencia. Para casi todas las mujeres los pechos son una zona de gran erogenicidad y son vitales a la hora de la excitación sexual. Para excitar esta zona del cuerpo se puede recurrir a la succión, el mordisqueo, el lamido, los golpes suaves y las presiones leves. Esta excitación se traduce en lo que la gente cree que es una erección de los pezones. En realidad los pezones no son órganos eréctiles sino contráctiles. Cuando se da la erección de un órgano del cuerpo lo que sucede es que hay una afluencia de sangre a los cuerpos cavernosos. La contractilidad, en cambio, es la propiedad de ciertos tejidos de aumentar de grosor a expensas del acotamiento de una de sus dimensiones. Así, cuando creemos que los pezones están en erección, lo que en realidad sucede es que la aureola se contrae longitudinalmente, adquiriendo una textura rugosa, y por tanto comprimiendo el pezón hacia afuera. Es bueno aclarar que el pezón no contiene en su interior cuerpos cavernosos, como el clítoris, sino la desembocadura de los conductos galáctoros.

INGLES y PUBIS: Por tratarse de una zona cercana al área genital, su sensibilidad es notable, especialmente si la compresión u otra estimulación irradian hacia el clítoris y los labios vaginales.

PERINEO: Ésta es una de las zonas más erógenas del cuerpo femenino. Está ubicada entre la vagina y el ano. Al apoyar las manos sobre esta área, presionar y masajearla se produce una gran excitación debido a la gran cantidad de terminaciones nerviosas que allí se concentran. Tanto los labios interiores como los exteriores del área perineal contienen terminaciones nerviosas que potencian el placer sensual.

VULVA: Esta parte externa de los genitales femeninos es muy erógena, especialmente el vestíbulo vaginal (labios internos) al estar constituida por un tejido mucoso muy sensible. Los labios interiores son particularmente sensibles, a lo largo de la superficie interior, en la hendidura de la vulva. Se puede alcanzar un gran estado de excitación si se presiona y masajea con los dedos todas las partes sensibles de la vulva.

VAGINA: Si se mira atentamente la vagina se puede llegar a encontrar una semejanza entre los labios vaginales y los del rostro, ya que ambos están formados por el mismo tejido: las mucosas. Al entrar en estado de excitación la vagina aumenta de tamaño para posibilitar la entrada del pene. Las mujeres tienen la posibilidad de estrechar la vagina, apretando los músculos de esta zona y multiplicando así sus sensaciones de placer. Al excitarse la mujer, los labios menores de la vulva se llenan de sangre, se vuelven duros y aumentan su volumen, longitud, calor y color. La primera reacción de este órgano ante la excitación sexual es la lubricación de la vagina. A consecuencia de la congestión sanguínea la vagina produce una especie de gotitas de sudor. En realidad se trata de una sustancia vaginal y mucosa. A mayor excitación, mayor lubricación vaginal. Esta lubricación equivale en la mujer a la erección del pene en el hombre. Es importante insistir en que la vagina de la mujer posee músculos que pueden distenderse y contraerse a voluntad. Muchas mujeres desconocen la existencia de estos músculos y por esto no los utilizan, ni los ejercitan como debieran. La cultura occidental, en particular, desconoce estas posibilidades de este órgano femenino. Las africanas, en cambio, llegan hasta a fumarse un cigarrillo con la vulva, y en algunos espectáculos también logran recoger una moneda colocada verticalmente en el suelo. En la actualidad, la revalorización del clítoris ha llevado en ocasiones a desvalorizar la vagina como fuente de placer femenino, limitándola a un mero papel reproductor. Esta actitud puede llevar a la mujer a adoptar un papel pasivo en la sexualidad y a ignorar un cúmulo de posibilidades sensuales de su cuerpo. La entrada de la vagina también es rica en terminaciones nerviosas y reacciona de manera intensa a toda clase de caricias, incluidas las que se pueden efectuar con el glande del pene. Si se la acaricia con los labios y la lengua, se puede llevar al éxtasis a las mujeres.

EL PUNTO G: Existe una gran polémica en torno a si existe o no el tan mencionado punto G en la vagina de la mujer. Nos inclinamos por creer que si el río suena, agua lleva. El punto G sería un pequeño racimo conformado por terminaciones nerviosas, vasos sanguíneos, ductos y glándulas. Al ser estimulado se dilata y llega a sobresalir sobre la pared vaginal. Este punto G estaría ubicado en la pared anterior de la vagina. El nombre de punto G se debe a un personaje llamado Grafemberg, un ginecólogo alemán, que en la década comprendida entre los años 40 y 50 del siglo pasado, fue el primero en mencionar este lugar especial de la vagina de la mujer. Para encontrar el punto G se recomienda recorrer suavemente con los dedos la pared vaginal interior. Los dedos deben curvarse ligeramente y realizar suaves masajes circulares en dirección anteroposterior. También puede ser recomendable ejercer una ligera presión con la otra mano sobre la parte baja del abdomen, en la región suprapúbica, con la vejiga vacía. De esta manera las dos manos se encuentran mientras realizan, de manera delicada, un movimiento circular. El punto G semeja pues un verdadero órgano interno, cuya única función es la de multiplicar el placer femenino. Se lo llega a comparar con la próstata masculina y su tamaño oscilaría entre el de una moneda pequeña y una lenteja. Algunos expertos recomiendan que la posición del coito "desde atrás" sería la más adecuada para localizar en el coito el punto G femenino. Para las personas que no creen en la existencia de este punto G, la sensación de placer que se multiplica en ciertas ocasiones durante el coito tendría su origen en el momento en el que el glande del pene roza los labios del cuello uterino.

CLÍTORIS: El clítoris es la zona del cuerpo femenino de más sensibilidad y el más fácil de estimular, si se hace con cuidado y suavidad. La sensibilidad erógena del clítoris es verdaderamente única en el terreno de la fisiología erótica. Nos dice un experto sobre el tema: "Corpúsculos sensibles de todo tipo se unen unos con otros, entre ellos los corpúsculos de la voluptuosidad. Ellos confieren al glande clitorídeo un poder detonante comparable al de un motor de explosión. Tal especialización superfuncional compensa el escaso volumen del órgano". Fue sólo hasta el año 1593 cuando la medicina occidental descubrió el clítoris. El médico Realdus Columbus fue el protagonista de este reconocimiento oficial. Durante mucho tiempo se sostuvo que la mujer no sólo podía experimentar placer vaginal. Freud llegaba afirmar que el orgasmo femenino sin coito, no era sino una desviación sexual ocasionada en la inmadurez de la persona.

Los estudios de la sexología en la actualidad, por el contrario, han revalorizado el papel del clítoris en la sexualidad femenina. De esta manera se han rehabilitado las caricias corporales en el acto sexual. Para estos expertos, el clítoris es el verdadero órgano de la sexualidad de la mujer, homólogo del pene, y en él se localiza el punto de máxima sensibilidad a la estimulación voluptuosa, ya que es allí donde se desencadena el orgasmo, difundido por las zonas adyacentes y hacia la vagina. El clítoris está constituido por una red nerviosa tres veces mayor que la del pene en proporción a su tamaño.

Es importante resaltar que el orgasmo inducido sólo mediante la estimulación externa del clítoris causa una sensación más localizada. Mientras que si se provoca mediante una estimulación plena, que incluye la vulva y la vagina, presionando contra el cuello del útero, la sensación es más profunda e intensa. El primer orgasmo se obtiene con una estimulación superficial, practicada en parte externa, contando con una condición de inmovilidad y vigilancia pasiva de la mujer. El orgasmo profundo, en cambio, implica una actividad voluntaria de todo el cuerpo y en especial de la zona lumbo-sacra o pelvis. Esto desencadena un circuito de movimientos involuntarios que se extienden hasta la laringe y el diafragma, produciendo una especie de apnea. Por tanto, para alcanzar el orgasmo profundo, es necesario que la mujer participe de manera activa, utilizando una gran movilidad muscular y mental. Un orgasmo de este tipo genera emociones más internas e intensas, dejando después una sensación de relajamiento y satisfacción. Es importante aclarar que el orgasmo profundo se ve aumentado considerablemente por estímulos extravaginales como los besos, las caricias en los senos, las palabras dulces y naturalmente, las caricias en el clítoris.

Algo que no debemos olvidar es la importancia de los factores psicológicos en el orgasmo. Por tanto, el cerebro es el principal de los órganos sexuales del ser humano. El orgasmo es el resultado de la conjunción de factores emotivos y psíquicos. Por tanto, el orgasmo es la experiencia psicosomática por excelencia. Otro extremo en el que no debemos caer es en obsesionarnos en obtener el orgasmo a cualquier precio. Una actitud de este tipo sólo lleva a que nos olvidemos del placer, en el sentido más amplio de la palabra.

Zonas erógenas masculinas secundarias

Las zonas secundarias masculinas que despiertan la erogenicidad en el hombre son las que, como en la mujer, están estrechamente asociadas con la zona genital. Las describiremos a continuación:

PEZONES: En el hombre, tanto los pezones como las aureolas poseen también un grado de sensibilidad erógena. Cuando se frotan o se succionan los pezones masculinos se genera gran placer. El hecho de que se contraigan es ya una señal de excitación.

PUBIS e INGLES: La zona pubiana, ingles incluidas, es muy receptiva en el hombre.

PERINEO: Es una zona muy erógena por su proximidad al ano e íntima accesibilidad a la estimulación de la próstata, especialmente sensible en el erotismo anal. Toda la zona genital es sensible al más leve toque, el contacto con la zona detrás de la raíz del pene y que sigue hasta el ano, cubriendo la próstata puede ayudar tanto al orgasmo, como a la erección.

PRÓSTATA: Como ya mencionábamos con anterioridad, esta glándula es muy sensible por su conexión con los centros nerviosos del orgasmo. Ésta es estimulable únicamente a través del recto.

ESCROTO-TESTÍCULOS: Los testículos tienen una sensibilidad extrema y deben ser tocados con mucha suavidad, ya que si se presiona exageradamente puede llegar a generar dolor. El escroto, por tener en su interior a los testículos, es muy sensible al estímulo erógeno.

PENE-GLANDE: Es el órgano de la sexualidad en el hombre, muy sensible en su parte inferior y en el prepucio y, específica y exquisitamente, en el glande. Esta es la zona del cuerpo del hombre donde se perciben las sensaciones más intensas y concentra su placer. Todo el cuerpo del pene es de gran sensibilidad, pero el extremo del glande es especialmente rico en terminaciones nerviosas, es particular en su corona y suele reaccionar de manera rápida a cualquier estimulación. Además, es muy sensible en el frenillo y en el área localizada detrás de la abertura del pene.

PUNTO G MASCULINO: Algunos especialistas identifican el punto G masculino con la próstata. Este punto estaría situado alrededor de la uretra, en el cuello de la vejiga. Ya veíamos en otro apartado de este libro que la función orgánica de la próstata es ayudar a producir el líquido que lleva el esperma dentro de la vagina durante el acto amoroso. No obstante, también puede generar placer a los hombres cuando se le estimula manualmente. Algunos hombres han constatado que cuando se les estimula la próstata, pueden llegar a tener orgasmos más intensos, durante los cuales eyaculan de modo más abundante y mejor. Para encontrar el punto G masculino es indispensable explorar su ano. Una manera de localizarlo es insertar su dedo pulgar en el ano y presionarlo contra la pared frontal. Aquí encontrará la próstata, que es una masa firme del tamaño de una nuez. La manipulación de este punto puede generar intensas sensaciones de placer en el hombre.

El ano/recto: *"TAAABÚÚÚ..."*

No hemos incluido esta zona del cuerpo ni entre las áreas erógenas femeninas, ni masculina, porque éste es un tema del que hay que anotar algo más que su erogenicidad.

Lo cierto es que ésta es una zona corporal altísimamente erótica. Sin embargo, es una zona considerada tabú en las prácticas heterosexuales usuales. En general se la considera una zona más escatológica que sexual. Incluir la manipulación del ano en el juego erótico es algo inaceptable para muchas parejas. Prejuicios milenarios se interponen entre el impulso natural a incluir esta área

del cuerpo en el juego amoroso y la prohibición y pena-
lización de esta práctica, que pervive de manera latente
y profunda en la mayoría de las personas. En particular
los hombres creen que esta manipulación hace parte sólo
de las relaciones homosexuales y por tanto, siente ame-
nazada su imagen viril con esta práctica sexual.

No obstante, insistimos en que el ano es una zona
muy sensual, ya veíamos cómo el acceso al punto G
masculino es sólo posible por esta zona. Dormirse en
los prejuicios de siempre no es precisamente la solución
más adecuada. Y como concluía una amiga... los tabúes
son tabúes hasta que dejan de serlo.

La exitación sexual

Podríamos llegar a afirmar que los estimulantes sexuales son tan variados como las personas mismas. Cada
respuesta ante un estímulo tiene un carácter individual.
Algunos puntos anatómicos tienen una significación especial para determinadas personas. Cada persona es un
mundo.

La percepción del placer tiene un carácter subjetivo.
No existe una forma objetiva de medirlo con absoluta
precisión, pese a los aparatos de sofisticada tecnología
que registran las pulsaciones dolorosas. Es paradójico
constatar que la naturaleza de la pulsación nerviosa del
placer es la misma que la del dolor, y que lo que muchas
veces lo diferencia es sólo su grado o intensidad.

Cuando alguien nos atrae entran en juego todos nuestros sentidos; el olfato, la visión, el tacto... Hasta hace poco la mujer desempeñaba de manera exclusiva el rol de objeto sexual, era la que se exhibía con gestos y atuendos. Ahora las reglas del juego han cambiado. Tanto hombres como mujeres se preocupan por parecer atractivos ante sus parejas. No es inusual encontrar a un chico con pantalones apretados y camisas entalladas, de la misma manera que las chicas llevan faldas cortas y escotes pronunciados.

Nuestros sentidos intervienen de manera activa en todo este proceso. La vista suele ser el primer tipo de estímulo que percibimos. Algunas atracciones son tan arrolladoras y contundentes que se habla de "amor a primera vista". Como anotábamos antes, tradicionalmente era la mujer la que debía mostrarse. Ahora a las mujeres puede llegar a estimularnos el hecho de encontrarnos de manera visual y manifiesta con los atractivos físicos del hombre.

El oído también desempeña un papel importante en este juego de la excitación sexual. La música puede predisponernos a favor del acercamiento humano. Los sonidos de la voz y la risa de la persona que nos atrae ayudan a cultivar nuestros deseos y adquieren la calidad casi de una caricia. Son famosas hoy las líneas telefónicas eróticas, en las cuales muchos pagan por estimularse utilizando este medio de comunicación y la imaginación del que ofrece sus servicios erótico-parlantes.

Una voz hermosa de un hombre o de una mujer tiene un efecto seductor muy grande. En ocasiones, claro está, pueden llegar a tener un efecto contrario.

El tacto, por su parte, es el sentido sensual por excelencia. Los contactos accidentales a veces pueden disparar nuestra libido. Tocarse es una manera de comunicarse. Este lenguaje del contacto tiene un carácter marcadamente cultural. El lenguaje de los gestos es diferente para cada cultura. Se dice que las barreras de comunicación entre los diversos pueblos no son sólo de diferencia de idioma, sino también de ese otro lenguaje no verbal, que nos dice a veces más que las palabras.

Algunas culturas occidentales tienen posibilidades de comunicación a través del tacto más limitadas. Las formalidades del trato entre las personas las inhiben a la hora de comunicar su simpatía a través del tacto. Mientras que otros países del llamado "tercer mundo" muchas veces tienen incorporados de manera espontánea y natural la expresión de sus afectos y sus simpatías. Esto puede traducirse en incomprensión y malas interpretaciones. Para los primeros, los europeos por ejemplo, ciertas formas de contacto corporal de los latinos pueden ser interpretadas como una tendencia a "pasarse de la raya", mientras que para los segundos, los latinoamericanos por ejemplo, todas estas formalidades de los europeos pueden ser leídas como una expresión de frialdad e indiferencia.

En todo caso, es evidente que todos necesitamos tocarnos a la hora de intentar comunicarnos. El contacto humano nos ayuda a relajarnos, a desinhibirnos y a reafirmarnos. En este campo del contacto físico, el baile juega un papel importante. A través del baile nos expresamos, nuestros movimientos dicen mucho de nuestras culturas y nuestros mundos. El baile puede incitar al contacto y el encuentro. Algunos bailes simulan el acto sexual de manera muy explícita. Esta mezcla de luz, sonido, música y contacto, puede alimentar y enriquecer nuestros afectos.

Otros sentidos como el gusto pueden contribuir a la excitación sensual y sensorial. Una buena comida, acompañada con un buen vino, nos puede predisponer a hacer el amor. Todo el ritual de una comida preparada con esmero, incluidos los efectos de luz, música y suavidad pueden actuar como poderosos estimulantes sexuales.

La utilización de esencias de múltiples olores se ha utilizado desde tiempos remotos por la humanidad para estimular el juego sensual. Ciertas esencias mezcladas con los olores naturales del cuerpo pueden multiplicar la excitación sexual. Algunos prefieren el despliegue de los olores naturales sin más aditivos. Aquí, como en todo, los gustos varían tanto como las personas.

Otros recursos también se utilizan como estimulantes sexuales: la piel desnuda, los maquillajes y los vestidos provocadores, las revistas y las películas pornográficas, la literatura erótica y mucho más.

Secuencia de las respuestas sexuales fisiológicas

En este apartado del libro intentaremos hacer una descripción, lo más objetiva posible, del proceso de una excitación sexual normal, interpretada ésta como "usual". Centraremos nuestra atención en los procesos fisiológicos que ésta conlleva, como una manera de acercarnos a la comprensión del acto sexual en sí.

Los tratados de sexología acostumbran a mostrarnos una serie de secuencias en las respuestas sexuales de los hombres y las mujeres según los niveles de excitación que van alcanzando. Éstos se clasifican en cuatro estadios o fases. Estas fases corresponden a los progresivos niveles de vascocongestión y miotonía –tumescencia– y la subsiguiente y rápida liberación de esta actividad vascular y tono muscular –destumescencia. Las principales fases son las siguientes:

FASE 1. EXCITACIÓN: Esta primera fase es inducida mediante estímulos psicológicos como una fantasía, la presencia simple y llana del ser que queremos y que nos inspira sentimientos amorosos, una situación que excite nuestros sentidos. También se puede dar la estimulación fisiológica directamente con una caricia, un beso o un contacto significativo. Estos estímulos suelen darse de manera combinada.

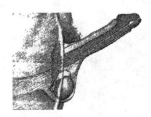 

Fig. 23. Excitación masculina   *Fig. 24. Excitación femenina*

La manifestación física de la excitación sexual suele darse en el hombre por la erección y en la mujer por la lubricación vaginal. Ambas respuestas se producen en los primeros 10 o 15 segundos de estimulación eficaz y van acompañadas de aumento de frecuencia del pulso. Esta primera fase de excitación puede verse interrumpida por algún efecto externo perturbador como un fuerte ruido o alguna situación que inhiba este proceso.

En el hombre, en esta primera fase, tras los estímulos físicos y mentales, los tejidos eréctiles se llenan de sangre y el pene se pone firme y erecto. En la mujer, y como resultado del juego previo, se da la lubricación, la erección del clítoris y la dilatación de la vagina. Por lo tanto, el clítoris se vuelve turgente y los labios mayores y menores se engruesan algo por la congestión venosa. En ella, esta fase de excitación lúbrica puede llegar a durar desde unos minutos hasta unas horas.

Fase 2. Meseta: Si la fase 1 continúa, el canal vaginal, en su tercio externo, sufre una leve y característica constricción, conocida como plataforma orgásmica. El clítoris se eleva y se retrae detrás de la sínfisis pubiana, quedando oculto tras ella.

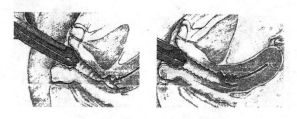

Fig. 25. *Fase de meseta*

En la mujer, los senos aumentan de volumen por vasocongestión, con agrandamiento de la aureola, y la piel sufre rubefacción. Los labios menores de su vagina se dilatan y adquieren un color rojo púrpura intenso, por la ingurgitación que se produce.

En el hombre, los testículos aumentan su volumen en un cincuenta por ciento y se elevan. En ambos sexos se producen contracciones de los grupos musculares mayores.

Cuando el pene del hombre se ha introducido en la vagina, el hombre inicia los movimientos de penetración. Entonces el pene alcanza su tamaño máximo y los testículos se elevan.

Por su parte, cuando la mujer es penetrada, sus músculos se contraen y aprietan el pene. El útero se eleva y el clítoris se retira bajo su cubierta.

La duración natural de esta fase es de unos treinta segundos a varios minutos, en dependencia de la intensidad y la prolongación de la estimulación.

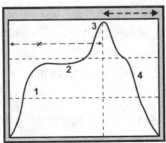

Fig. 26. Representación gráfica de la respuesta sexual en el hombre
1. Excitación y erección; 2. Fase de meseta; 3. Orgasmo;
4. Resolución y periodo refractario.

FASE 3. EL ORGASMO: En la etapa orgásmica en el hombre, la contracción muscular proyecta el semen fuera del pene (es la llamada eyaculación) lo que le genera sensaciones de máximo placer. En la mujer, las paredes vaginales se contraen de manera fuerte y con determinado ritmo e intensas sensaciones sensuales recorren todo el cuerpo. Esta reacción se inicia por la estimulación del clítoris y se expresa mediante las contracciones vaginales.

El orgasmo es la máxima sensación de placer libidinal. Algunos lo relacionan con áreas del cuerpo determinadas como el glande en el hombre y el clítoris o la vagina en la mujer. Este orgasmo va precedido de un alto clímax en el que se combinan sensaciones físicas y psíquicas. Es importante resaltar que el orgasmo que experimentan la mayoría de las personas se ubica entre las sensaciones emotivas y físicas. Está claro que el orgasmo es la más psico-somática de las sensaciones.

El orgasmo se inicia en el hombre por una sensación subjetiva de eyaculación inminente. Tres segundos después del orgasmo se produce la emisión violenta de semen. Se generan también cuatro o cinco espasmos rítmicos de la próstata, de las vesículas seminales, de los conductos deferentes y de la uretra, con un intervalo de 8 segundos, seguidos de contracciones menores a intervalos crecientes.

Al eyacular se emite un chorro de semen de 30 a 50 cm cuando los hombres son jóvenes. Este chorro va decreciendo con la edad, hasta llegar a ser un mero rezumamiento cuando el hombre llega a los 70 años de edad.

El orgasmo en la mujer se caracteriza por una serie de contracciones en el clítoris. Éstas suelen ser de 8 a 12 si el orgasmo es muy intenso y de tres a ocho si no lo es tanto. Además se producen una serie de contracciones tónicas que se desplazan desde el fondo de la vagina hasta el cérvix uterino. Desde el punto de vista anatómico y fisiológico lo único que puede observarse es la erección del clítoris y las contracciones rítmicas del tercio externo vaginal a intervalos de 8 segundos, independientemente de que el orgasmo haya sido clitorídeo o vaginal.

Como ya anotábamos antes, la mujer puede llegar a experimentar alrededor de 30 orgasmos. En todo caso, si llegamos a trazar un gráfico de esta serie de orgasmos, podremos observar, que aunque separados entre sí, todos ellos constituyen juntos una cohorte unitaria, ya que se generan con un intervalo de separación de 10 a 15 segundos y por lo tanto se dan dentro de la misma fase 3 de la secuencia de la respuesta sexual típica.

En ambos sexos, durante la plétora orgásmica se producen contracciones de los órganos genitales y la pérdida del control muscular voluntario, incluyendo expresiones faciales y espasmos. Hay un aumento de las pulsaciones que alcanza en el hombre las 180 por minuto, y en las mujeres algunas menos.

Por otra parte, el ritmo respiratorio se duplica o triplica y de la misma manera se eleva la tensión sanguínea. La duración del orgasmo es de unos 5 a 15 segundos, si bien se puede producir cierta variabilidad circunstancialmente. Durante la experiencia orgásmica se producen respuestas básicas del cuerpo, como la vascocongestión difusa, contracciones de esfínter anal y el aumento generalizado de la tensión muscular, con obnubilación de la conciencia.

Las caras pueden llegar a adoptar una expresión denominada "agónica" por analogía con la denominada "experiencia de la muerte". También se suele recurrir a la verbalización de palabras, frases o exclamaciones. Algunos consideran que esto, más que una respuesta fisiológica, es una manifestación o expresión de los sentimientos personales. Por mi parte, considero que estas expresiones forman parte de las respuestas psicosomáticas (psíquicas y físicas al mismo tiempo) del placer tan *sui generis* al que nos conduce un orgasmo.

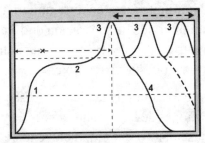

Fig. 27. *Representación gráfica de la respuesta sexual en una mujer*
1. Excitación y lubricación; 2. Fase de meseta;
3. Orgasmo (uno o varios);
4. Restablecimiento y estado de reposo.

FASE 4. LA RESOLUCIÓN: Al iniciarse la destumescencia, es decir, la descongestión de los tejidos genitales, se entra en la fase de la resolución, en la cual los órganos vuelven a su estado de reposo. La resolución se produce después de experimentar un orgasmo o cuando no se ha llegado a él. En el primer caso la fase es breve, y en ambos sexos se caracteriza por una profunda sensación de bienestar, acompañada por una reacción de sudación generalizada y sueño.

En el hombre, en esta etapa, el pene pierde su erección en unos quince minutos, mientras que los testículos descienden a su posición normal. En la mujer, disminuyen lentamente la hinchazón del clítoris y de los labios, y la vulva y la vagina recuperan su tamaño y su color normal.

Cuando no se ha podido alcanzar el orgasmo, la resolución puede durar de dos a seis horas, y asociarse con el dolor genital, especialmente en el hombre, acompañada por irritabilidad.

PERIODO REFRACTARIO: Tras el orgasmo sigue un periodo durante el cual el hombre no puede responder a la estimulación para otro orgasmo. Este periodo puede durar desde varios minutos a muchas horas, dependiendo de la edad y de las características particulares de cada individuo. Este tiempo de refracteriedad es necesario para la consiguiente recuperación después de la emisión del esperma.

En contraste, en la mujer, no existe periodo refractario tras el primer orgasmo, por lo que durante la fase 3 es capaz de experimentar orgasmos sucesivos múltiples, capacidad que puede llegar a conservar durante toda su vida.

Algunos ejercicios de autorreconocimiento

La condición de "tabú" que se le ha atribuido al sexo durante tanto tiempo en la historia de la humanidad, y en especial la negación de la condición sexual particular y específica de la mujer, nos ha llevado a un desconocimiento muy grande de la existencia y características de nuestros órganos sexuales y sus particularidades.

En el caso de la mujer, la mayoría de las veces desconocemos nuestro propio cuerpo y contribuimos, con nuestra actitud ante él, a consolidar malentendidos y a asumir las arbitrariedades de las leyendas que perduran a su alrededor.

Por esto consideramos importante recomendar algunos ejercicios de autorreconocimiento que contribuirán a despejar malentendidos y nos ayudarán a asumir con naturalidad esta faceta de nuestra existencia en el mundo.

1. Autorreconocimiento visual. Los órganos sexuales de las mujeres tienen una dimensión interna que dificulta el autoconocimiento físico de esta zona del cuerpo. Se recomienda una autoauscultación con un espejo. La mujer debe colocarse en la posición que suele asumir al visitar al ginecólogo. Al iniciar el ejercicio, la mujer debe colocar el espejo, de manera que pueda visualizar su sexo. Al observar, debe detallar cómo son los labios externos, luego debe separarlos con los dedos y observar cómo es el clítoris, cómo son los labios internos o menores, que abren el paso a su vagina.

Después, y para visualizar sus partes internas, puede recurrir a un espéculo de plástico, que suelen vender en cualquier tienda de productos hospitalarios. Se recomienda aprender a abrir y cerrar el espéculo, antes de colocarlo en la vagina. Puedes pedir consejo a algún médico o ginecólogo conocido.

El paso inicial de colocar el espéculo, puede llegar a necesitar algún tipo de lubricación, para la que se puede recurrir a algún tipo de crema o al agua tibia. Se procede a abrir los labios externos con la mano izquierda, mientras que con la derecha se coloca el espéculo. Al abrir el espéculo en el interior de la vagina podrá ensancharla, permitiendo su visualización interior. Después de haber colocado el espéculo, no habrá necesidad de que lo sostenga y podrá utilizar sus manos para manejar un espejo y algún tipo de luz que facilite su reconocimiento.

Con cuidado, podrá observar el cuello uterino, el interior de su vagina, y todo el espacio de su cavidad pélvica. Le sorprenderá comprobar que no es el túnel oscuro que había imaginado, y que sus colores y características son agradables al ojo humano y a su tacto.

2. *Autorreconocimiento táctil*: La labor de autorreconocimiento pasa también por el contacto físico. Sólo si sabe que sucede cuando toca cada parte de su cuerpo puede comprender a fondo la lógica de sus percepciones físicas. Cuando niños pudimos llegar a tener experiencias incompletas o erróneas en este terreno. Los prejuicios respecto a este tema pueden haber infundido en nosotros temores a este aspecto del conocimiento humano. Por

eso recomendamos una minuciosa autoexploración con las manos de cada una de las partes de su cuerpo. Toque su piel con la yema de sus dedos. Aprenda a distinguir las diferentes consistencias de cada área corporal. Perciba sus reacciones a contactos más suaves o más firmes. Distinga qué le produce más placer y dónde. Sólo si sabe cómo reacciona al contacto de su propia piel puede orientar a la persona amada en este terreno. Ejercite los músculos de su vagina. Contraiga y afloje los músculos de esta zona de su cuerpo.

3. Localización del punto G: También es importante que trate de encontrar su famoso punto G. Al inicio debe procurar tener la vejiga vacía. La posición ideal es la de sentada y acurrucada. Introduzca sus dedos en la vagina, bajo el hueso púbico. Con su otra mano apriete sobre el abdomen, sobre el mismo hueso púbico. Vaya moviendo sus dedos en forma circular hasta que logre encontrarlo. Cuando lo localice, apriete y afloje de manera alternativa sobre este punto y perciba la sensación que le produce.

III. El amor y el sexo

El ser humano es la única criatura que necesita de ese sentimiento extraño que denominamos amor: ese encuentro tan particular y universal al mismo tiempo. Ese espacio en el que se encuentran de manera casi mágica lo real, lo imaginario y lo simbólico del ser humano.

Este extraño sentimiento nos lleva a pedir al ser amado un "algo más" indeterminado, una respuesta que de cierta manera nunca puede adecuarse de manera justa a lo que buscamos.

La experiencia amorosa implica una demanda al "otro" de una especial interpretación de nosotros mismos, de una significación particular. Esta interpretación y esta significación es lo que nos permite construir nuestra propia identidad.

Los seres humanos no copulamos simple y llanamente, los seres humanos "hacemos el amor", los seres humanos amamos. Este sentimiento erótico amoroso se constituye en una demanda del otro que nos permite edificar nuestro propio yo. Necesitamos nuestra imagen reflejada en otro ser humano para autorreconocernos y llegar a "ser" de manera plena.

El animal humano no pudo limitarse a exigir lo estrictamente necesario para sobrevivir como especie, sino que se vio obligado a pedir algo no previsto en las leyes estrictamente biológicas: precisó de un "otro" al que amar, alguien que le devolviera una imagen de sí mismo, que lo ayudará en el difícil e inquietante proceso de construirse a sí mismo como sujeto. De unos condicionantes puramente naturales como especie animal, los hombres pasaron a construir una serie de códigos culturales que socializaron su experiencia amorosa. Vivir en un medio social implicó la imposición de una serie de reglas, barreras que controlaron sus deseos y le dieron un marco "reglamentario" a la vivencia de este sentimiento particular.

En la construcción de nuestra cultura amorosa está implícita la historia de la humanidad, que fue dotando esta experiencia de mitos que acompañan, sin que seamos muy conscientes de ello, la idea que nos hacemos sobre este sentimiento humano.

Florence Thomas nos habla de los dos grandes mitos que acompañan la cultura amorosa de Occidente: el mito griego y el mito cristiano. Veamos algunas de las características de estos mitos que nos ayudarán a comprender un poco la idea que nos hacemos en estos momentos sobre el amor.

El mito griego

La leyenda en torno a Eros tiene varias interpretaciones y versiones en la mitología griega. Una de estas versiones nos habla de Afrodita, una diosa que alentaba e incitaba este sentimiento. Ella surgió del mar una mañana de primavera en una concha de madreperla y resplandecía de gracia y belleza. Céfiro la impulsó hacia la costa, donde subió a una carro de alabastro tirado por palomas. Todo en la leyenda de Afrodita es mórbido, empezando por su nombre, que significa "nacida de la espuma". Agua, concha, madreperla, alabastro, palomas... Afrodita no pudo contener sus pasiones ni refrenar su impulso amoroso. Tuvo amores con varios dioses, entre ellos Ares (Marte), Hermes (Mercurio), Dionisio (Baco) y también con mortales. Intervino en todas las aventuras divinas y humanas en que el amor andaba en medio. De todos sus amores nacieron muchos hijos, uno de ellos fue Eros (amor). Y desde entonces, en la Tierra, el amor siempre esta ahí, para ser despertado en un hombre y una mujer, para llevarlo en sus alas de fantasía, para que transiten juntos por ese sublime universo mágico con las almas en fusión perfecta.

Otra versión griega sobre este mito de Eros lo reproduce Hesiodo en uno de sus relatos:

Al principio era el Caos, el espacio inmenso y tenebroso; después apareció Gea, la Tierra de amplio pecho y, finalmente, Eros, "el amor que dulcifica las cosas" y cuya acción fecundante va a presidir en lo sucesivo la formación de los seres y las cosas.

Esta leyenda de Eros representa una especie de ángel alado que va disparando flechas por doquier y de manera caprichosa, hace relación a esa idea que tenemos de este sentimiento como algo que es inspirado sin nuestra participación consciente, como un fuego repentino que apunta a nuestro corazón de la manera más inesperada.

Alrededor de esta leyenda también surge el concepto del amor como el de un sentimiento con una eterna juventud, propia de todo amor profundo.

Otro mito griego ha contribuido mucho a nuestras ideas alrededor del amor. Aristófanes, en su disertación en "El banquete", nos narra una historia que nos habla de la existencia de una naturaleza anterior a la humana que conocemos hoy. En esta historia había tres clases de sexos, los dos que conocemos y un tercero compuesto por ambos y llamado andrógino que reunía lo masculino y lo femenino.

El sol producía lo masculino y la tierra lo femenino, la luna engendraba el tercero. Estos últimos concibieron la idea de combatir a los dioses y Zeus los castigó, separándolos en dos mitades. A partir de ese momento estos seres vivieron eternamente un deseo infinito de encontrar su otra mitad, para fundirse con ella en único y definitivo ser.

Esta leyenda nos remite a esa parte de nuestro discurso amoroso que ve en el amor una aspiración a la fusión con el otro, a esta otra mitad que nos proporciona la plenitud, y nos ayuda a huir del vacío y del sentimiento eterno de carencia que nos acompaña permanentemente. A esta misma leyenda se refieren los múltiples relatos que encontramos en el cine y la literatura actual, en los que los protagonistas encuentran su alma "gemela".

En la mitología griega, Eros simboliza la aspiración de los seres humanos de ascender hacia el ser amado. Es una manera de aproximarse a la divinidad, de esta manera se aspira a una fusión de los mortales con el universo. Este amor asume una forma corporal, un cuerpo erotizado, que no es otra cosa que una prisión del alma. La purificación de este sentimiento nos llevaría a la negación del cuerpo. Su objetivo final no sería otro que la búsqueda del alma de la luz divina.

El mito cristiano

El mito del amor cristiano tiene una dirección opuesta a la del mito griego. Mientras que en este último, como veíamos, el amor asciende hacia la divinidad, en el universo cristiano el amor es un don gratuito que desciende de Dios hacia los seres humanos.

En el mito cristiano el amor de Dios es un don gratuito. Dios nos ama porque somos sus elegidos y este amor es entregado sin condiciones. Somos amados independientemente de nuestras cualidades, no importa que seamos justos o pecadores. Con el cristianismo el amor reviste características muy terrenales. Es un amor que recibiremos con una sola obligación: obedecer la voluntad divina y su mandamiento fundamental es amarnos los unos a los otros. Ese amor al prójimo no será sino una prolongación del amor hacia nosotros mismos. El mandamiento cristiano nos dice que debemos amar a los demás, de la misma manera que nos amamos a nosotros mismos.

El amor divino es un amor que se encarna, que se hace hombre. Dios se encarna en su hijo, Jesús, quien muere en la cruz para redimirnos. Es un amor que se realiza en una muerte, tras la cual surge una resurrección.

Sin embargo, el amor entre un hombre y una mujer sólo se legitimará en la obediencia a Dios, en la institucionalización religiosa de su unión en la Tierra a través del sacramento matrimonial.

De esta manera, encontramos en nuestro discurso amoroso elementos tanto del mito griego: su carácter caprichoso y de sentimiento eterno y divino. Y por otra parte, esa noción de un amor que debe ser legitimado a través de la institución religiosa que representa a Dios en la Tierra: la Iglesia. Un amor más terreno y que puede realizarse en la Tierra. Un amor que tiene una proyección más comunitaria, más allá de una visión puramente individualista.

Estos mitos se encarnan en una serie de historias que condensan todos nuestros pensamientos inconscientes alrededor del amor, y que hacemos realidad en el acto del enamoramiento. Entre estas historias podemos mencionar la de Narciso, en la que un hermoso efebo es castigado por no querer ser amado ni amar, al suplicio de enamorarse de su huidizo reflejo en el agua.

Edipo Rey, es otra de estas historias. La transgresión de las normas por parte de Edipo, aun de manera inocente, es castigada con desgracias y muertes. Tristán e Isolda también habla de las transgresiones a las normas sociales en torno al amor, castigadas por el destino. Otro personaje transgresor y castigado es el legendario Don Juan español, quien sufre el castigo divino por engañar y seducir sin miramientos, ni consideraciones con los demás. En Romeo y Julieta encontramos a dos amantes víctimas de los odios insensatos de dos familias.

El punto común de todas estas historias es el trasfondo doloroso de la experiencia amorosa. La ética de Occidente nos lleva muchas veces a querer encontrar el placer en el dolor y a asociar el amor con el sufrimiento, como dos elementos inseparables.

El amor como parte esencial de nuestra existencia

Un hecho es indiscutible en este terreno: el ser humano es el único ser que necesita inevitablemente de otro para sobrevivir. Es el único ser que necesita ser amado.

Una condición indispensable para la vida psíquica de un ser humano es su vida amorosa. Cuando amamos a alguien, al mismo tiempo proyectamos nuestra aspiración de ser alguien.

El ser humano es el único ser que se construye una imagen de sí mismo, lograda a través de la imagen que le devuelve el otro que lo ama. Es evidente que lo que nos mueve a amar a otro es al amor a nosotros mismos. Cuando amas lo que deseas es ser amado. Con el amor estamos en el centro mismo de la esencia de nuestra identidad humana.

Del enamoramiento al amor

Muchas veces tendemos a confundir el estar enamorada con amar. El enamoramiento es un estado, es el entusiasmo inicial que nos despierta un encuentro significativo para cada uno de nosotros. Amar, en cambio, es una decisión consciente que tomamos, después de una evolución satisfactoria del enamoramiento.

Amar representa la maduración de una relación estable en el tiempo y en el espacio. Ésta es una posibilidad que puede seguir al enamoramiento, pero no es la más frecuente, ni la más sencilla.

El amor pasión

Nos encontramos a menudo con una manera de asumir la experiencia amorosa que confundimos con el acto genuino de amar. Es el llamado amor-pasión. Este amor está asociado a la exaltación, la atracción irresistible y violenta, los sentimientos involuntarios y dolorosos, un afán de posesión desmesurado, una tendencia posesiva extrema.

Este tipo de experiencia convierte al objeto de nuestro amor en una mera excusa de nuestro deseo de amar. No hay un reconocimiento del otro, como existencia real. Este sentimiento es una especie de aventura solitaria en la que estamos más enamorados del amor que de la otra persona.

La persona "apasionada" no se toma el trabajo de entender la realidad del otro. La persona obsesionada sólo quiere una fusión que en cierto modo niega al ser amado. Nuestro objeto amoroso pasa a ser en un elemento engañoso, prefabricado.

Un amor real, en cambio, parte del reconocimiento de la realidad y las características particulares del otro. Ya no se trata de una aspiración a la fusión, sino a la conjunción. Aceptamos la existencia del otro, con sus prioridades y sus limitaciones. Le dejamos respirar, y es por lo tanto una relación que se alimenta y se enriquece con el exterior. En el interior de una relación de este tipo, la pareja puede crecer humanamente, de manera paralela y mutuamente respetuosa.

En esta relación más madura, se da un pacto en la cotidianidad referida a tiempos y espacios de los miembros de la pareja. Se da también una proyección común hacia el futuro que implica además etapas de crisis y de reformulaciones. Se trata también del reconocimiento del otro y de nuestra preferencia afectiva por esa otra persona, que puede llevar a la monogamia y a compartir una experiencia vital en el ámbito sexual.

IV. La experiencia sexual

El conocimiento de la sexualidad humana debe importantísimas aportaciones a los trabajos de muchos investigadores, entre los que destacan las teorías de Freud sobre la libido, el estudio realizado por Kinsey, Pomeroy y Martín sobre la conducta sexual de hombres y mujeres en Estados Unidos, y la descripción llevada a cabo por Master y Jhonson en su laboratorio sobre la secuencia de respuestas fisiológicas a la excitación sexual.

Los estudios de Kinsey, por ejemplo, prepararon el camino para una mayor aceptación, tanto del público en general como de los mismos científicos, de la variedad de conductas sexuales.

En los resultados de su investigación llegaron a catalogar las fuentes de orgasmo para la población americana por grupos de edad en polución nocturna, masturbación, tanteo homosexual, caricias hasta el clímax y coito.

Estos resultados indican que el sexo normal se manifiesta de diversas maneras y que, por consiguiente, las prácticas sexuales no deben enjuiciarse con carácter moralizador.

Es indispensable desechar los prejuicios que nos acompañan para poder comprender los que la gente de los diversos niveles sociales han hecho, hacen y desean hacer en la esfera sexual.

La vida sexual normal

El concepto de normalidad, en cualquiera de los órdenes sociales es relativo. Existen cuatro puntos de vista sobre la normalidad en general:

1. El utópico: que entiende por normalidad el funcionamiento físico y mental de una manera armónica y óptima. Es una situación ideal a la que se supone deberíamos aspirar.

2. El estadístico: que se inclina por considerar que las prácticas sexuales de la mayoría son las que entran dentro de lo regular, y por tanto deben ser vistas como "normales". Esta corriente identifica lo "normal", por tanto, con el centro de una curva en forma de campana o curva de Gauss, en las que se agruparía "la mayoría" y los casos ubicados en los extremos de este gráfico, como "los desviantes".

3. El procesual: esta tendencia considera que la normalidad es el resultado de una serie de interacciones y cambios, más que una conducta fija.

4. El médico: esta corriente afirma que la normalidad es sinónimo de salud, y por tanto, parte del convencimiento de que las conductas entran en el terreno de la normalidad cuando no existe en ellas ninguna manifestación psicopatológica.

Todos estos estudios psicoanalíticos y sociológicos, por lo demás, conceden cada vez más importancia a la adaptación evolutiva, al ambiente social, como condición para una conducta normal de los individuos, pública y privada, intelectual y sexual.

Con independencia de lo que cada persona viva en su imaginación en relación con sus experiencias sexuales, se entiende por vida sexual normal las de las personas sanas física y mentalmente, con una identidad sexual definida, que se comprometen con su pareja en experiencias sexuales sin miedo, sin dudas y sin culpa, y con la suficiente responsabilidad para asumir las consecuencias y los compromisos que se deriven de una relación absolutamente íntima y madura, sin causarse trauma mutuamente.

En este sentido, la mujer puede y debe ser libre de iniciar la actividad sexual, en la misma medida que el hombre. La sexualidad debe gozarse de manera entusiasta, intercambiando puntos de vista y comentarios sobre la relación y exponiendo sinceramente las expectativas y los deseos. La frecuencia de sus relaciones no debe estar supeditada a una norma rígida, ni mucho menos atenerse a peregrinas recomendaciones de normas "establecidas". Por su misma naturaleza, la obligación de una norma es lo menos estimulante que podemos llegar a imaginarnos. Quienes sostienen que la frecuencia debe ser de tal o cual orden, como si de un automatismo se tratara, están dejando en claro que estas exigencias se limitan a considerar la experiencia sexual como algo meramente práctico y mecánico.

Lo lógico es partir de que el estado de ánimo, la forma física, el mutuo acuerdo, las necesidades particulares y las circunstancias nos lleven a decidir cuáles son los momentos adecuados para iniciar una actividad sexual y su frecuencia. Es una tontería supeditar la calidad a la cantidad.

En cualquier caso, los efectos de una vida psicosexual plena y satisfactoria se reflejan en las demás esferas de la persona y son el mejor barómetro para valorar el grado de satisfacción y plenitud.

La desfloración

Poéticamente, la desfloración es la pérdida de la virginidad en la mujer que no ha tenido relaciones sexuales con penetración. Físicamente, la virginidad es la integridad del himen, integridad que desde tiempo inmemorial ha tenido una decisiva importancia social, pues era la demostración evidente ante el futuro esposo de que una mujer determinada no había efectuado nunca un coito con otro hombre.

En la Antigüedad, en muchas sociedades, cuando se comprobaba que la mujer que llegaba al matrimonio no era virgen, era devuelta a sus padres y sometida a escarnio público. En ocasiones, fue castigada físicamente, y se presentaban casos en los que era condenada a muerte. Todavía hoy, hay países como Italia y Japón en donde los especialistas en cirugía realizan la restauración del himen de mujeres prometidas en matrimonio para que puedan llegar "vírgenes" ante sus esposos, ocultando de esta manera sus anteriores experiencias sexuales.

Como es evidente, prevalecía el concepto machista de posesión. Lo importante era que una mujer no se hubiera *ayuntado* con otro hombre, pero si el hombre se había ayuntado con cien mujeres, esto no tenía que importarle a la futura esposa, ya que como mujer su opinión no tenía peso ni relevancia en ninguno de los niveles sociales. Desde luego, esta actitud suponía una cierta candidez del mundo masculino, porque partían del convencimiento de que al poseer la integridad física de su esposa, poseía también la virginidad de su alma, que en muchos casos ya había sido "entregada" a otro hombre.

En nuestros tiempos, en muchos lugares del planeta, esta situación ha cambiado sustancialmente, aunque quedan muchas regiones del mundo donde sobreviven estos prejuicios.

Aunque siguen existiendo muchas personas y sectores que no transigen con la pérdida de la virginidad previa al matrimonio (y lo que es más sorprendente, incluso en el momento de una primera relación sexual con un compañero, que, según saben o adivinan ambos, ¡no va a convertirse luego en su marido!), lo cierto es que las mujeres hace muchos años que decidieron reservarse para sí el mismo derecho que los hombres (en este aspecto como en todos los demás) y dejaron de concederle a la virginidad tanta importancia. Esto ha redundado beneficiosamente en la propia mentalidad de los hombres, quienes van abandonando esa obsesión injusta y absurda respecto a la virginidad de su pareja. En el fondo esta actitud es solamente un atavismo.

En cuanto a la desfloración en sí misma, la hemorragia producida al rasgarse el himen es mayor o menor dependiendo del grado de elasticidad individual, aunque nunca demasiado importante, pese a las muchas leyendas difundidas, pero en cambio, sí es dolorosa en algunos casos. Por otra parte, la membrana no necesariamente ha de resultar desgarrada en un primer intento, ya que, no se dude, se requiere un acto notable de fuerza. Es muy corriente que la membrana, después de diversos intentos, vaya distendiéndose, y la rotura tenga lugar, entonces, sin hemorragia.

Es muy difícil que un dictamen médico pueda determinar si una mujer ha tenido o no experiencias sexuales pre-matrimoniales, pues el hecho de que el himen esté perforado no es un indicio claro al respecto. La mujer puede haber perforado su himen haciendo ejercicios físicos varios o puede darse el caso, de que, aunque se den las relaciones sexuales, el himen se conserve intacto, pues puede ser un tejido muy flexible. En algunas situaciones la primera experiencia del coito puede no resultar dolorosa para la mujer, ni producir hemorragias, pues la excitación del momento puede incidir en que la presión sobre el himen pase casi inadvertida.

Esos intentos sucesivos pueden ser involuntarios, por el hecho de que no sea factible una rotura de primera intención, o voluntarios, como consideración verdaderamente caballerosa por parte del hombre sensible, inteligente y moderno, sin falsos prejuicios, para no herir innecesaria y brutalmente a su pareja.

El coito

El coito es la técnica por excelencia de la práctica sexual en orden de procrear y obtener placer físico. Aunque no es el objetivo de este libro, recordemos que para que haya concepción no es necesario que la penetración peneal sea completa, ya que las fases previas del juego sexual han estimulado la salida de cierta cantidad de semen que puede verterse en el tercio externo de la vagina, y con sólo unas pocas gotas puede llegar a hacer concebir, ya que contiene espermatozoides viables.

Durante el coito completo, o por otros procedimientos, los labios del cuello uterino reciben una estimulación bastante grata. Cuando se realiza de manera adecuada el coito, el pene empuja el cuello uterino, y éste eleva la parte superior del útero, que ejerce una presión interna contra el pubis, y por tanto contra el clítoris, lo que contribuye a la estimulación de éste.

Para que durante el coito se desencadene el orgasmo en la mujer, aquél debe ser completo, a fin de que pueda ejercerse tracción-estimulación directa del clítoris con la base del pene, tras la introducción completa de éste en la vagina. Al mismo tiempo, cuando la introducción es total, el propio empuje del pene roza el cuello uterino causando la excitación de esta zona interna, y elevándolo, el cual, a su vez, comprime interiormente hacia el pubis. Es decir, que esta compresión interior, en conjunción con la que produce la base anterior del pene sobre el clítoris, aprisionándolo simultáneamente por dentro y por fuera, es el "mecanismo" o "técnica" correcta para desencadenar el orgasmo en la mujer durante el coito y no quedar "a mitad de camino".

Por otra parte, es condición indispensable que el hombre pueda demorar su propio orgasmo, es decir, mantener su erección, hasta que se haya iniciado el de la mujer. El logro de un orgasmo simultáneo en la pareja contribuye a la construcción de la armonía en su relación en otros campos. Y aunque no se logre este ideal de simultaneidad, si cada uno se interesa de manera real y sincera por el placer de la persona que ama, el resultado final será probablemente satisfactorio para los dos.

El coito propiamente dicho permite sólo un orgasmo en la mujer, estando ella en capacidad de experimentar varios más. Aquí entra la posibilidad de la realización de múltiples juegos amorosos previos, decisión que debe tomar cada pareja en consonancia con sus peculiaridades y maneras de ver el mundo.

Las variaciones del coito pueden ser infinitas. La cópula más usada es la realizada entre el hombre y la mujer de frente, puede tener otras versiones. Por ejemplo, podemos mencionar el coito *à la vache* (o *a tergo*, de espalda) que se efectúa por detrás, estando la mujer en posición genupectoral, es decir, con el pecho apoyado en las rodillas.

Otra variante es el *coitus interruptus*, que impide la eyaculación en el interior de la vagina por retirada súbita del pene. El *coitus reservado*, también llamado karezza, es el que se efectúa sin que se produzca eyaculación o demorando ésta voluntariamente. Coito a la sajona es aquel durante el cual se presiona con firmeza sobre la uretra masculina, muy cerca de la base del pene, para evitar la eyaculación.

El orgasmo

Ya mencionábamos antes que el orgasmo es una experiencia psicofisiológica. La palabra orgasmo deriva del griego *orgasmós*, que significa estar lleno de ardor. El orgasmo es, por consiguiente, la exaltación de las funciones vitales de cualquier órgano, especialmente de los órganos sexuales durante el acto sexual, en el que tiene lugar la máxima intensidad del estímulo sexual.

El orgasmo es una experiencia psicofisiológica verdadera, pues responde a la percepción subjetiva de un máximo de reacción física a los estímulos sexuales, y un breve episodio de liberación física de la vasoconstricción y miotonía, producidas durante las fases de excitación y de meseta. Gráficamente puede describirse como una curva muy profunda que culmina en la sensación de placer más intenso y hondo de la experiencia humana, embargada por el más sublime éxtasis, sobrepasando el carácter lujurioso para suscitar sensaciones trascendentales.

Para que haya orgasmo voluntario ha de haber, necesariamente, estimulación física adecuada en intensidad y frecuencia, pero también estimulación erótica: el erotismo es el alma del juego sexual para que éste no se reduzca a una mera cópula o aproximación carnal sin sentido.

Es decir, la naturaleza de la experiencia orgásmica exige una síntesis del doble objetivo de fondo y forma. Podríamos afirmar que el fondo es la demanda carnal, mientras que la forma es la exigencia de la personalidad. Respecto al fondo, no se trata de aprender una técnica estimulatoria mecánica y aburrida, sino sensible y delicada, variada, adaptativa, emocionante. Respecto a la forma, o sea, la fantasía erótica que actúa como "guión" y como "escenario" de lo que, finalmente, es un dúo de amor. La forma será mucho más diversa si lo es la personalidad y la imaginación de los individuos implicados en la experiencia sexual.

En lo que tiene que ver con el potencial orgásmico, en el hombre el máximo potencial se sitúa alrededor de los 18 años de edad, etapa en la que puede conseguir de seis a ocho orgasmos en un período de veinticuatro horas. Después de un orgasmo, el hombre joven no suele tener otra erección hasta pasados veinticinco minutos.

La mujer, por el contrario, en una misma relación sexual, o sin ella, puede alcanzar hasta alrededor de treinta orgasmos. Naturalmente, la intensidad y la duración es decreciente, por lo que puede decirse que, los últimos de la serie, más que orgasmos son pulsaciones, muy intensas, pero pulsaciones, a intervalos de unos diez a quince segundos, mediante la adecuada estimulación prolongada. En cambio el hombre difícilmente resiste una erección, aun estando estimulado. Si lo consigue durante dos o tres orgasmos de la mujer es que ha aprendido a autocontrolarse muy bien.

Sin embargo, lo habitual es que el coito sólo induzca un orgasmo en la mujer, siempre que el compañero no eyacule precozmente. Los demás orgasmos de la "cohorte" potencial, o quedan sin resolver o han de resolverse "antes" o "después", por la vía de la masturbación, o maniobras autoinducidas.

Cabe recordar aquí la universal metáfora de ver en la forma de una mujer, obviamente por la forma de ésta y por la analogía de las cuerdas, un "bordón" clitoriano. Ampliando la metáfora, la similitud llega también a su número de trastes –diecinueve– que pueden representar la cadena orgásmica femenina... y, sin son treinta, son suficientes para toda una serenata de estrellas.

La intensidad normal del impulso sexual sufre notables variaciones con la edad, el sexo y la persona. En el hombre, hasta los treinta años aproximadamente, lo más frecuente es un potencial de un orgasmo en un periodo de veinticuatro horas. En el hombre maduro, dos o tres, en el periodo de una semana.

En contraste, en la mujer, el potencial es constante, si bien el deseo sexual alcanza su máximo alrededor de los 30 años, especialmente tras el primer parto. Sin embargo, el potencial no es equivalente a deseo, pues éste está muy influido por diversas circunstancias, motivo por el que la pareja regula la frecuencia más por las expectativas personales, que por la instancia potencial meramente física.

Una vez que la pareja ha sobrepasado la fase de excitación y la meseta, es importante entrar en la fase del clímax orgásmico para liberar íntegramente la excitación acumulada y para que pueda tener lugar la resolución, que da paso a un estado subjetivo de bienestar y relajamiento, de descanso de todas las fuerzas fisiológicas que han intervenido *in crescendo* en la tensión sexual. El interrumpir la fase orgásmica deja un sentimiento frustrante de insatisfacción, que se manifiesta en irritabilidad y mal humor.

El orgasmo clitoriano

El orgasmo femenino, de cierta manera, siempre es clitoriano, pues sin la estimulación de este órgano sexual no puede haber orgasmo. La estimulación puede estar inducida por la masturbación –con pareja o sin ella– o mediante el coito. Esta segunda forma requiere, sin duda mayor destreza, tanto en el hombre como en la mujer: hay que "conquistar" el placer, como decíamos antes, lo mismo para darlo que para recibirlo. La estimulación puede efectuarse directamente, sobre el glande clitoriano –ya sea peneal, manual u objetalmente–, o indirectamente, por tracción de su eje, desde las proximidades pubiana o vulvares, siempre que la mujer esté muy excitada.

Cuando se habla de la estimulación del clítoris, suele hacerse referencia a movimiento de roce o frotación sobre aquél como modo de despertar o desencadenar la sensibilidad orgásmica. Por su puesto, que cada mujer, como cada hombre, desde sus primeros contactos sexuales, habrá desarrollado su manera personal de responder antes y mejor a estos estímulos sensuales específicos, y por tanto, desde el roce más o menos vigoroso hasta cualquier modalidad de golpeteo, habrá toda una gama de preferencias. Como principio, hay que destacar el tipo vibratorio y de compresión de la excitación como el más "propio" –con todas las reservas que se quiera para catalogar lo que se entienda por propio.

El orgasmo vaginal

Como mencionábamos con anterioridad en este libro, el entusiasmo por la revalorización del clítoris como centro de la sexualidad femenina ha relegado a segundo plano el orgasmo vaginal. Aunque esta revalorización ha tenido el efecto positivo de rehabilitar las caricias corporales, por otra parte ha llevado a relegar a la vagina a un papel meramente procreador.

No obstante, creemos que el orgasmo realmente profundo es el vaginal. Mientras el orgasmo clitoriano sólo exige una estimulación superficial, el orgasmo "profundo" o vaginal requiere de una actividad voluntaria de todo el cuerpo, y especialmente de la zona lumbo-sacra, llamada pelvis. Este orgasmo llega a desencadenar una serie de movimientos involuntarios que se extienden hasta la laringe y el diafragma, produciendo una especie de apnea (suspensión temporal de la respiración).

Este orgasmo vaginal requiere la participación activa de la mujer con una gran movilidad mental y muscular. En general, este tipo de orgasmo genera emociones más internas y viscerales, que derivan finalmente en una profunda sensación de relajamiento y de satisfacción.

Naturalmente, este orgasmo vaginal se ve también extraordinariamente enriquecido por otro tipo de estímulos: los besos, las caricias, las palabras dulces, los contactos suaves y la estimulación del clítoris. Si las estadísticas nos dicen que las mujeres suelen experimentar más a menudo orgasmos externos o clitorianos, esto en realidad lo único que deja claro es que esta situación es el resultado de una cultura que ha maltratado la vagina durante siglos y siglos.

Otra cuestión latente en el ánimo de muchas parejas es la cuestión de la simultaneidad de la experiencia orgásmica. Nos preguntamos si esta simultaneidad es un mito o un ideal. No es un mito, en la medida que es perfectamente posible, ya que no hay ningún impedimento teórico. Sin embargo, en la práctica, son muchos los factores que pueden interferir en el respectivo tempo de la pareja, haciendo que la coincidencia sea ciertamente difícil.

En cuanto a si es un ideal a alcanzar, muchos tienen dudas al respecto. Cuando cada miembro de la pareja alcanza el orgasmo "solo", está también y al mismo tiempo acompañado con el pensamiento, la mirada, la actitud toda de su compañera o compañero.

Este acto en sí mismo es además excitante. Mientras que si los dos alcanzan el orgasmo al mismo tiempo, en alguna medida cada uno está menos volcado al otro, porque ambos sufren los efectos de la propia obnubilación. Claro que la variedad de los juegos es eso: variedad, no monotonía.

El orgasmo espontáneo

Es el que tiene lugar de manera involuntaria, predominantemente mediante el sueño, pero excepcionalmente también durante la vigilia, y que puede experimentarlo tanto el hombre como la mujer. Éste puede ser inducido por imágenes oníricas, pero no necesariamente.

En el caso del hombre se conoce como polución nocturna, aunque ocasionalmente puede haber eyaculación con o sin erección y orgasmo. El primer orgasmo espontáneo e involuntario se produce, en ambos sexos, al iniciarse la pubertad. La razón es una activación espontánea de las inervaciones genitales, por sutiles mecanismos neurofisiológicos, en los que seguramente interviene una cierta concentración hormonal, aún no bien estudiada.

La masturbación

La masturbación es la excitación de los órganos sexuales y producción del orgasmo por estimulación de éstos, sin coito. Etimológicamente, la palabra estimulación deriva del latín masturbatio –onis, de manus, mano y sturpare, violar. Añadiendo una puntualización a la significación etimológica, diremos que no siempre es la mano, ni mucho menos, la mediadora directa en la autoestimulación, pues fantasía y originalidad, exigencia estética e incluso hábitos condicionantes personales, la suplen y superan muchas veces. Tampoco lo de "violar" se ajusta al caso en el que la masturbación es un acto auto o alter-inducido. La masturbación también se denomina onanismo, si bien éste, es más bien el coito interrumpido.

El onanismo toma el nombre del bíblico Onán, quien contrajo nupcias con Tamar, la viuda de su hermano, siguiendo la ley del levirato (del latín levir, cuñado). No obstante cohabitó con ella, pero evitando engendrar descendencia.

En general, la masturbación es un hecho precursor normal de la conducta sexual. En las investigaciones clásicas de Kinsey, ya citadas, los datos que se obtuvieron indicaron que casi todos los hombres y tres cuartas partes de las mujeres se habían masturbado en algún momento de sus vidas. Estas cifras podrían llegar al ciento por ciento en la actualidad, ya que en estos momentos no existen los prejuicios a la hora de admitir un hecho de este tipo, ni es tan fuerte la autocensura como consecuencia de la presión social.

Ya en la infancia, la autoestimulación es muy frecuente, y con la irrupción de la pubertad, a los 12 años aproximadamente, momento en que se inicia una gran producción de hormonas en nuestro organismo, se intensifica la curiosidad y aparece la masturbación como una práctica íntima y solitaria, que, a diferencia del niño, en el púber suele ir acompañada de alguna fantasía erótica primaria.

Podemos decir, por lo tanto, que la masturbación es una práctica normal, pues es prueba de un desarrollo fisiológico y psicológico normal. La masturbación se prolonga en la vida del adulto que no tiene pareja estable en general, obedeciendo a una intención adaptativa, en la que se combinan placer sensual y liberación de tensiones.

Se ha escrito mucho sobre el carácter patológico de la masturbación, sobre todo desde instancias moralizantes. La masturbación puede ser patológica cuando es compulsiva. Pero lo cierto es que se trata de una práctica natural de ambos sexos, dentro de los parámetros descritos, y responde a una necesidad biológica imperiosa, propiciada por el retardo de la edad en que los jóvenes contraen matrimonio respecto a culturas menos desarrolladas, en las que suelen contraer matrimonio al llegar a la pubertad.

En nuestro medio, en contraste, se reduce más la edad en que los jóvenes, con la información y los métodos anticonceptivos de los que disponen, inician contacto sexual sin matrimonio.

También es cierto que no todos los que practican la masturbación son jóvenes. Personas sin pareja, por haberla perdido, por timidez de buscar una, por no querer comprometerse, por dificultades en ser aceptado, personas con pareja virtual, pero de la que se han distanciado emocionalmente, y personas con otras diversas causas practican la masturbación.

El problema que suele acompañar a la masturbación es el sentimiento de soledad, al no poder o no saber vivir con alguien una experiencia que nació por y para ser compartida. Por lo demás, no requiere de ninguna técnica especial.

El propio impulso incontenible indica a la persna la manera más efectiva de realizarla. No obstante, la persona que la practica con el solo fin de liberar una tensión, no debe limitarse al acto simple y primario, lo aconsejable es que la rodee de una fantasía agradable. Es importante minimizar los posibles sentimientos de autocensura o autocompasión por ceder al instinto sin exigirse la adecuada ambientación y el deseable compartir.

Erotismo y pornografía: ¿dónde está el límite?

No es fácil trazar los límites entre el erotismo y la pornografía. Aunque tal vez el sentido común funcione mejor en estos casos. Miremos primero un poco el significado de cada palabra.

En los diccionarios podemos encontrar la palabra erotismo vinculada a significados como pasión de amor o al amor sensual exacerbado. Camilo José Cela en su diccionario nos dice que el erotismo no es otra cosa que la exaltación o la sublimación del instinto sexual. Para George Bataille la actividad sexual del hombre sólo se torna erótica cuando deja de ser rudimentaria o puramente animal.

Cela concluye que el erotismo está vinculado a "la experiencia interior de cada individuo, su modo de conjugar deseo, libido y necesidad, en alianza siempre presidida por la inevitable y más radical ilusión: la del amor".

La palabra pornografía por su parte deriva del griego *porne*=prostituta y *graphos*=escribir acerca de. Por tanto, en su significado semántico puro haría referencia solamente a la escritura sobre las prostitutas. Otra acepción de los diccionarios la relaciona con el carácter obsceno de las obras literarias o artísticas.

Como vocablo propiamente dicho nace en 1769, en Francia, con la obra de Restif de la Bretonne, *El pornógrafo*. No obstante, el uso de esta palabra en relación con los conceptos de obscenidad no se produce sino a finales del siglo xix. Sobre la eterna discusión respecto a lo que es o no es pornografía existe un elemento muy subjetivo en este terreno, tanto que D.H, Lawrence afirmaba que "la definición de pornografía depende no más que del individuo, ya que lo que para uno es pornografía, para el otro no es sino la risa del genio".

Sin embargo, tampoco nos parece correcto dejar la definición sobre este tema en términos tan ambiguos. Ya veíamos que cuando hablamos de pornografía nos referimos en esencia a escribir de manera lujuriosa acerca del sexo. Lo que es lujurioso o no también se relativiza dependiendo de los diversos medios socioculturales en los que se vive. Por ejemplo, un acto como el beso, que en Occidente puede llegar a ser relativamente inocente, en Japón se considera casi una perversión.

En el terreno de la pornografía también el panorama es muy diverso. Mirada sin prejuicios, la pornografía puede llegar a jugar un papel informativo y hasta divertido. Pero cuando la vemos en manos de empresarios y publicistas, el sexo pasa a ser moneda de cambio y lo que importa es "realizar el producto". Tal vez lo más preocupante en este sentido es la trivialización a la que es sometida toda relación sexual y su desvinculación con otros aspectos de las relaciones humanas.

La sociedad moderna considera validas la multiplicación y venta de variados estímulos sexuales de todo tipo. Vemos cómo va en aumento el uso de diferentes elementos, no sólo para despertar el interés sexual, sino para mantener dicha excitación. Desde los medios masivos de comunicación se propicia la permisividad sexual. Lo grave del asunto es que todos estos productos, como programas de televisión, películas y publicaciones varias tienden a aislar las experiencias sexuales del resto de la personalidad, y por lo tanto a despersonalizar el sexo, al mismo tiempo que asocia el sexo con sentimientos nada deseables, como la crueldad, el temor, la ansiedad.

De esta manera, se separa la actividad sexual y el afecto, la ternura y el amor, y se la relaciona más bien con la búsqueda egoísta de la máxima excitación, la crueldad y la agresión.

De todas maneras, no podemos afirmar que las publicaciones pornográficas fomenten los delitos sexuales. De hecho, en algunos países en los que se abolió la censura a este respecto, disminuyó la demanda por este tipo de materiales. Pero tampoco podemos caer en el otro extremo y creer que la literatura pornográfica no tiene ningún efecto en el comportamiento de las personas. En todo caso éste es un tema que afecta a la sociedad entera y que por lo tanto, merecería estudios más minuciosos y concienzudos.

Interferencias y dificultades de la sexualidad humana

Tanto el hombre como la mujer sufren una serie de complicaciones y de cambios en el ámbito físico que pueden disminuir la interacción sexual. Éstas se pueden definir como enfermedades de tipo sexual o también se relacionan con el desarrollo hormonal que tanto el hombre como la mujer sufren a medida que van pasando los años.

Al ser tratadas, disminuyen en buena medida el riesgo de padecerlas indefinidamente. Es el caso de ciertas molestias que se presentan con la llegada de la menopausia, definida ésta como el periodo de la vida de una mujer durante el cual los ovarios cesan de producir óvulos cada cuatro semanas y por lo tanto se suspende también la menstruación, no siendo posible que la mujer pueda engendrar un nuevo ser. La menopausia puede presentarse entre los 35 años y los 50 años pasados. La menstruación puede decrecer gradualmente en periodos sucesivos, o los intervalos entre dichos periodos se alargan. En otras ocasiones, puede producirse una suspensión brusca y completa de los periodos menstruales. Durante el tiempo que dura la menopausia se origina un cambio en el equilibrio de las hormonas sexuales del organismo, que, conduce a rubores y sofocaciones, palpitaciones y sequedad de la mucosa que reviste la vagina. Algunas mujeres pueden también experimentar trastornos emocionales.

Unido a la menopausia, se observa otra característica que al parecer es propia de la mujer, la frigidez, la cual se denomina así por la falta de apetito sexual o incapacidad para alcanzar el clímax de excitación sexual. La frigidez puede afectar a ambos sexos, pero el término se aplica casi siempre a la mujer exclusivamente. En algunos casos la mujer siente aversión por la actividad sexual. Esta disfunsión sexual se puede dar a través de los bloqueos que en muchos casos la mujer sufre por aspectos de tipo social. Mujeres que viven bajo condicionamientos de tipo externo, familia, hijos, compañero indiferente, trabajo, estrés, inhibiciones de tipo cultural y religioso, y preconceptos esquemáticos respecto a la edad. Una mujer puede disfrutar de toda su capacidad sexual siempre que ella misma se lo permita.

De hecho en esta cultura, las mujeres después de determinada edad son miradas como seres etéreos; como madres y no como mujeres. Cuando se atreven a pasar el umbral, no son vistas de buena manera, se podría decir que son apartadas por ciertos círculos en las que son a veces tildadas como impúdicas y pecaminosas.

La mujer ahora, y en cierta forma, está más preparada para recibir su despertar sexual. La información que se da sobre el tema, en estos momentos, está hecha para hombres y mujeres desde muy temprana edad. Pero se siguen con los condicionamientos de tipo cultural, la mujer sigue perteneciendo a la minoría, el sistema patriarcal que nos rige no ve todavía a la mujer como un ser independiente, dueña de sus actos y de sus deseos. Esto se aprecia no solamente en culturas que son legalmente constituidas y dirigidas hacia los hombres, sino también en estados dónde se ha encontrado un espacio de discusión.

La sexualidad femenina como tema principal, no solamente tiene que ver con la mujer sino con el hombre. A partir de lo femenino el hombre puede encontrar muchas respuestas que siguen en discusión, por lo tanto, a través de ese reconocimiento, puede dar solución a las diferentes disfunciones sexuales que pueda sufrir, tanto por circunstancias como por la edad. La eyaculación precoz, la impotencia, el priapismo, requieren de ayuda médica, pero también de una compenetración consigo mismo proyectada en ese otro construido y comprometido a través del afecto.

La impotencia sexual es la incapacidad del hombre para efectuar la relación sexual. La impotencia puede ser eréctil, en la que el pene no se hace lo suficientemente resistente como para introducirlo en la vagina, o eyaculatoria, en la que se produce la penetración del pene aunque no hay eyaculación de semen (orgasmo). Ambas clases de impotencia pueden deberse a una enfermedad orgánica, tal como una diabetes o a un problema psicológico o emocional.

La *eyaculación precoz* es la emisión de semen (con la consiguiente pérdida de erección) durante las etapas iniciales de la preparación para la relación sexual y antes de la introducción del pene en la vagina (coito) o bien inmediatamente después.

Priapismo es la erección persistente del pene. Corrientemente se debe a un coágulo de sangre en el tejido eréctil del pene y se presenta con mayor frecuencia en los pacientes que, con insuficiencia renal, están sometidos a diálisis intermitentes. El tratamiento consiste en la extirpación quirúrgica precoz del coágulo sanguíneo y la construcción de un cortocircuito venoso (*shunt*) que permita la salida de la sangre del pene.

Aparte de estas generalidades que tienen que ver con la mujer y el hombre actuantes de la actividad sexual, no podría dejarse de lado lo que tiene que ver con las enfermedades de transmisión sexual y con el control natal. Ambas circunstancias se convertirían en problemas, sino se actuase con prevención.

Las enfermedades de transmisión sexual, son infecciones que se contagian principalmente por contacto sexual.

La *gonorrea*, en los hombres, se caracteriza por una secreción peneal espesa y escozor al orinar, en la mujer, no suele presentar síntomas perceptibles, pero puede dañar las trompas de falopio.

La *sífilis*, el primer síntoma es un chancro, luego erupciones, fiebre, dolores articulares, luego pueden venir lesiones cerebrales y complicaciones cardiovasculares.

El *chancro*, caracterizado por úlceras genitales llenas de pus, acompañado por la dolorosa inflamación de los ganglios de la ingle.

Herpes genital, empieza con una erupción de vesículas dolorosa en los genitales o zonas próximas, puede permanecer latente por un determinado tiempo en el organismo y reaparece con reactivaciones más moderadas que en el primer episodio.

La *hepatitis* A, B, C y D se transmiten por contacto sexual, en la gran mayoría de los casos, y se da entre varones homosexuales y heterosexuales con numerosas parejas sexuales.

Las *verrugas* genitales están asociadas a largo plazo con el cáncer genital.

La *vaginitis*, no siempre transmitida por contacto sexual, es la reacción de una multiplicación excesiva de microorganismos que normalmente residen en la vagina.

SIDA. La más reciente y terrible enfermedad de transmisión sexual descubierta hasta hoy, fue documentada por primera vez en 1981. Es más conocida como SIDA, síndrome de inmunodeficiencia adquirida. La característica del SIDA es el derrumbamiento del sistema inmunológico que comúnmente protege el cuerpo contra las infecciones.

El mejor camino para prevenir este tipo de enfermedades de tipo sexual es la información.

El empleo y uso del preservativo disminuye de una manera apreciable la posibilidad de contraer o propagar una enfermedad de transmisión sexual. Si se muestra exigente en la elección de compañero o compañera sexual tendrá menos riesgos de contraer una infección de origen sexual. Hágaselo saber a su pareja o parejas que tiene una enfermedad, este síntoma de honradez evitará que se propague la infección. El juego amoroso que antecede al coito es una manera de observar el cuerpo de su pareja muy de cerca, esto le ayudará a realizar un examen ocular que permitirá comprobar algún síntoma sospechoso. El diagnóstico a tiempo evitará complicaciones de la infección que se puede tratar médicamente. En las infecciones más delicadas, prevéngase con el uso del preservativo.

Control natal

La decisión del control de la natalidad depende de muchos factores: edad, estado civil, creencias religiosas, relaciones de convivencia, actitudes sexuales, estados de salud y experiencias anteriores. La principal razón para recurrir al control natal y recurrir a los cientos de elementos que se utilizan para ello, es el deseo de impedir un embarazo no deseado, que repercutirá, no solamente en la salud, sino en órdenes de tipo social, económico, que pueden convertirse en una carga insostenible.

También el hecho de recurrir al control natal tiene que ver con la posibilidad de una total libertad en la relación sexual.

La mujer, en la gran mayoría de los casos, asume el control natal, a través de la píldora, el DIU, el diafragma, preservativos, espermicidas, esponjas anticonceptivas, el ritmo natural. Este hecho, traer niñas y niños al mundo, y construir seres humanos, es un hecho de trascendencia social, económica, política, humana, etc., ha sido marcado como responsabilidad prioritaria de la mujer.

Este conjunto de elementos culturales se transmiten de generación en generación. La mujer como madre y el hombre como hijo. En este momento se debe elaborar un esquema, donde la mujer, a pesar de ser madre no deje de ser mujer y el hombre se reivindique como padre. Afortunadamente, en muchos hombres esta conciencia ha ido marcando un cambio estructural en el pensamiento de este nuevo siglo.

La sexualidad es y seguirá marcando pautas de comportamiento en el ámbito cultural. Muchos hombres y mujeres funcionan priorizando este tipo de estímulo vivencial, como sujetos y partícipes de la construcción de su propia sociedad. Cada colectivo humano sigue creando valores, o también readaptando los que ya están implícitos en cada uno de sus componentes.

Las posiciones, las cópulas y todo lo que conlleva ese encuentro con el otro abarcan un universo complejo, dónde el principal protagonista es el Ser Humano.

Algunas variantes sexuales

Homosexualidad: Condición de ser sexualmente atraído en forma encubierta o abierta por miembros del mismo sexo; puede afectar a ambos sexos. La causa subyacente de la homosexualidad permanece oscura; se invoca la estructura familiar desviada y la limitación de las oportunidades de relaciones heterosexuales.

Lesbianismo: Condición en la que una mujer es sexualmente atraída por otra o practica un acto sexual con la misma.

Bisexualismo: Un individuo atraído sexualmente por hombres y mujeres. O también posee la cualidad de ambos sexos.

Travestismo: Es una condición humana por la que se obtiene placer sexual vistiendo ropas del sexo opuesto. Se puede presentar en personas heterosexuales como en homosexuales y puede estar relacionada directamente con conductas masturbatorias o sexuales de otro tipo.

Transexualismo: Condición de pertenencia a un sexo que no le corresponde mentalmente. Las raíces de esta condición suelen iniciarse en la infancia. Otras características de la sexualidad que se observan en los seres humanos y tienden a ser una dificultad para sí y para los demás son: la violación y agresión sexual, el incesto, abuso sexual infantil, la prostitución, la perversión, pornografía y obscenidad.

Violación y agresión sexual: Este término está definido legalmente como penetración peneana de la vagina sin mutuo consentimiento. Este tipo de actividad sexual se refleja de muchas maneras, resulta ser de tipo agresivo físicamente, cuando hay una fuerte resistencia a ese intento. En casi todos los casos las agredidas son las mujeres. También suele darse cuando la mujer por no recibir golpes o porque su línea de acción sea la de evitar cualquier tipo de lucha física, o también cuando hay incompetencia mental, o bajo el influjo del alcohol o de alguna droga alucinógena.

Incesto: Son comportamientos en los que está implicado el progenitor y un hijo o hija adultos, o entre hermanos mayores de edad. En muchos casos son adultos que han traumatizado gravemente a un hijo o hija, progenitores que han convertido en sus víctimas a varios hijos a lo largo de un determinado periodo de tiempo, o adultos que se niegan a someterse a tratamiento psicológico.

Abuso sexual infantil: Esta actividad sexual entre un adulto y un niño es considerada generalmente como una forma de maltrato infantil y un delito. El daño de la mo-

Fig. 28. "Desviaciones"

ral de un menor puede ser un crimen que no involucre contacto sexual físico entre el adulto y el niño o niña. Por ejemplo, el reclutamiento de menores para pornografía infantil. También se sitúa dentro de este comportamiento el contacto sexual no coital entre un adulto y un menor, tanto si se trata de caricias como si comprende actos como el contacto bucogenital.

PROSTITUCIÓN: Esta actividad sexual está definida como una oferta de alquiler del cuerpo. Esta manera de intercambio que se da entre los seres humanos no se da solamente a cambio de dinero, sino también de objetos que tienen un valor específico. Es la profesión más antigua que hay sobre la tierra, afirman muchos. Hoy en día, las personas que realizan este tipo de trabajo, que en la gran mayoría son mujeres, son catalogadas como enemigas públicas, ya que van en contra de las leyes que rigen una nación determinada.

PERVERSIÓN: Cualquier conducta sexual anormal, lo anormal implica a la actividad que se ejerce (sadismo y el exhibicionismo). La actividad es sexualmente placentera. La definición de lo que es normal varía con las diversas culturas. El tratamiento sólo es necesario cuando la perversión causa sufrimiento.

V. Juegos y estimulantes

El ser humano es lúdico por naturaleza, el juego hace parte de la construcción del conocimiento y del saber popular. Todos los elementos que configuran al hombre-mujer dentro de su contexto cultural se elaboran a través del riesgo y las reglas que un juego impone.

Por tal razón, el tema de la sexualidad hace parte de ese universo que trasciende los límites de la cotidianidad, es el abrirse ante una perspectiva que requiere romper reglas e instalar otras humanamente emocionales.

En este caso el juego es corporal y emocional, estimulado por objetos, películas, etc., o bien, lo que la imaginación requiera. Por lo tanto, la sexualidad entendida como una vivencia satisfactoria, relaciona aspectos especialmente subjetivos y en términos generales los condicionamientos de tipo cultural.

Esta empresa admite la posibilidad de experiencias a nombre del encuentro entre los seres humanos. Al reconocerse en ese otro, con un cuerpo diferente o en el caso de un igual, vemos que se introduce dentro de una ética sexual que permite un enlace comunicativo y también de autocomprensión, corriendo el riesgo de ir más allá, teniendo en cuenta la más absoluta complejidad de un individualismo creciente.

El goce de amar indica explícitamente, el amor hacia sí mismo y hacia los demás. Encontrando esos espacios de autoafirmación y de sensibilidad que permiten introducirse en el mundo de una piel sugerente para las fantasías eróticas colmadas de placer y seguridad, ante la perspectiva de una aventura sin límites. Ser conscientes de un cuerpo, involucrando tanto la superficie de una piel, sentimientos de identidad y de agresión, así como también la necesidad de explorar la fantasía; no limita el comportamiento íntimo, al contrario, ayuda a esclarecer los profundos estados del subconsciente, que en determinados casos ubican al hombre-mujer a un aislamiento propio de nuestra época.

Desde la infancia el contacto corporal es un punto de partida para el desarrollo de las relaciones humanas, así como para el futuro de un comportamiento sexual. La educación y la sociedad, sobre todo en la cultura occidental, han marcado ciertos tabúes, que hoy se vencen poco a poco, a través de divulgaciones de tipo científico que se imparten, para fortuna de todos, desde el mismo hogar, hasta llegar al aula de clase. Así que, poco a poco, el desarrollo cultural camina a medida que las relaciones humanas se van esclareciendo y situándose en su propio ámbito. Es una manera de aprender a expresar con plenitud y por sí mismas, el papel sensitivo y no mecánico de las relaciones normales entre los seres humanos.

La sexualidad pertenece a cada uno de nosotros mismos, pero se comparte con el otro. La actitud de cooperación en el juego que se plantea, desprovisto de condicionamientos rígidos, tanto como de mecanizaciones previas, se eleva a una apertura de juegos fervorosos y delirantes que permiten un mayor placer.

La puesta en escena incluye elementos que sean apetecibles para ambos. Es decir, que cada uno incluya su historia y esté potencialmente libre para vivir otra, para cumplir un rol, en lo posible diferente, con la posibilidad de fundir expresiones tanto de ternura como de tipo agresivo que produzcan un placer infinito y enloquecedor

La música, la danza, el teatro, en sí, las aptitudes de tipo artístico, que todo ser humano posee por naturaleza, convalidan aún mucho más el juego sexual que se plantea. Ser enteramente vulnerables a la percepción del medio, permitiendo que todos los sentidos, conocidos hasta ahora, se entremezclen como una buena salsa. La delectación de una piel, de una palabra, de un sonido, de un olor y del sabor ardiente de un encuentro sexual es tanto o más gratificante de lo que es para un hambriento una buena comida. En este sentido una práctica sexual sana, se debe estimular con los elementos arriba mencionados, a partir del lugar más íntimo que usted y su pareja sexual deseen. Teniendo en cuenta que la cama es el lugar más común e idóneo para desarrollar todos los juegos que veremos más adelante.

El hombre como la mujer que estén dispuestos a desplegar todo tipo de experiencias pluralistas en los que la libertad sexual se acepte sin reparos ni vergüenzas, aportarían un grano de arena a la revolución humana. Por eso, y a pesar de los avances tecnológicos, la globalización y el caos, la esperanza de crecer como cultura, como sociedad, tiene mucho que ver, como lo expresa Alex Comfort, "el acto sexual llevado a cabo con amor y sin autoconciencia, una cópula larga, frecuente, variada que termine con satisfacción para ambos participantes".

Entonces, si existe esa satisfacción humana, quiere decir que hemos deshecho esa neurosis acumulada, en ese mundo exterior que a veces nos agobia tanto.

Es aconsejable que en el espacio de las relaciones sexuales vayamos al ritmo de la vida misma. Es necesario recrearse, caminar con el deleite del asombro y la curiosidad del conocimiento que cada día nos aporta otro ser humano. Es necesario no dejarse llevar por la tentación de terminarlo todo, hasta conocer y profundizar en todos los requerimientos, en este caso, de tipo sexual, que dé plena satisfacción al encuentro.

Ese uno y ese otro, ya sea: hombre-mujer, mujer-mujer, hombre-hombre, que quieran ampliar ese sentido comunicativo sin importar los cánones de edad, de belleza, etc., actuarán de una manera más, que las personas rígidas o las que aún no han podido cambiar ciertas estructuras mentales, que las inhiben de cualquier riesgo de tipo emocional y sensitivo.

La mujer y el hombre en la gran mayoría de las culturas están enmarcados dentro de unos comportamientos sexuales muy específicos. Se supone que el hombre en su actitud sensual y sexual debe ser activo y la mujer pasiva. Creencias de comportamiento que aún siguen vigentes dentro de esta sociedad. Esta liberación exige una actitud abierta, capaz de despojarse de esquemas bizantinos y arcaicos que, siguiendo por esa ruta, nos llevarían a una actitud de psicosis colectiva perjudicando así el desarrollo diverso y pluralista que este nuevo siglo nos depara.

Fig. 29. Juego y erotismo

Para hacer el amor se debe tener en cuenta que haya gusto, placer y mucha, pero mucha, cooperación en los juegos amorosos que se planteen. Aquí daremos algunas pautas para una mejor relación sexual.

• Dosis equilibrada de progreso y tradición, de rudeza y ternura, de esfuerzo y afecto.

• Entregarse a los juegos que siempre se quisieron practicar, conlleva a escoger un lugar adecuado con plena visión, audaz y saludable de la sexualidad.

• La práctica sexual exige dos reglas. "No hagas nada que no te guste de veras" y "Descubre las necesidades de tu pareja y haz lo posible por complacerla".

• Tener en cuenta las necesidades del otro y de uno mismo es, sin duda, una experiencia educativa y gratificante en el amor sexual.

• Valerse de todos los elementos que encuentres en ti y en el exterior, tanto de objetos que no hagan daño, como de tus sentidos, así como una buena dosis de imaginación.

• Tanto la mujer como el hombre deben aprender a gozar con cada parte del cuerpo, sin temores, ni vergüenzas.

• La relación de tocarse, acariciarse sin inhibiciones despierta la sexualidad sana.

• En la comunicación con la palabra: se contarán todas sus fantasías y desarrollarán una relación mucho más completa.

• Siempre en una actitud de aprendizaje: dar y recibir es la mejor recompensa.

• Planear los juegos sexuales y entregarse a ellos con total plenitud.

Juegos y más juegos...

Los verbos aprender y jugar deben estar implícitos dentro de la terminología diaria de la vida. Los seres humanos siempre debemos estar dispuestos a compartir ese espacio lúdico que los instantes nos deparan.

Con el hábito del juego se aprende. Jugar no es un acto exclusivo de los niños, por el contrario, en la edad adulta de la vida, tanto en el campo laboral, el hogar, el estudio y en el acto de amor, siempre debe existir esa predisposición para el asombro. Ésta es una manera de inventar, de crear una forma de vida diferente todos los días.

De esta manera, cada hombre y cada mujer no deben perder esa hermosa experiencia del encuentro, de abandonarse al riesgo y de conducirse con sana temeridad. Esta construcción amorosa nace a partir del compromiso que se establece, teniendo en cuenta que no engaña ni perjudica a nadie en su empresa.

Este tipo de relaciones se puede convertir en un desprecio mutuo y continuo, como también en un remanso de ternura y respeto verdaderos.

Para el caso de este texto sobre sexualidad, tomaremos lo que para bien nos produzca placer, ternura y el goce sensitivo del sexo, en busca de variantes que potencien y magnifiquen la emoción y el placer que la naturaleza invita a deleitar.

Invitamos a todos lo lectores a encontrar a través de este delicioso menú, un significativo espacio lúdico, sin inhibiciones y con el máximo interés por sí mismo y el otro.

Para comenzar encontramos en nuestro cuerpo una caja resonante que se debe apreciar, amar y respetar. Al ser conscientes de las infinitas posibilidades sensitivas, corporales y espaciales que este elemento dispone, existirá un mayor disfrute en cuanto a la sexualidad. Este reconocimiento y autorreconocimiento no es posible de la noche a la mañana. Siempre hay que tener en cuenta que cada día es el primer día de una existencia compleja, pero a la vez, con las expectativas que nos depara al confrontarnos con una cotidianidad llena de sorpresas.

Cada gesto corporal hace parte de un lenguaje, de un texto. Códigos que en algunas ocasiones podemos leer según el contexto en que nos movemos. Estas infinitas manifestaciones de tipo cultural confluyen en movimientos que realizamos a través de situaciones a las que nos enfrentamos, en el transporte urbano, en la calle, en la oficina, en un bar, etc. Cada sitio tiene un modo diferente de reconocerse, nosotros como parte vital y humana de esos espacios, recreamos el ambiente y ubicamos esas reglas de juego, perteneciendo e identificándonos con el entorno.

Este sentido de pertenencia nace con el conocimiento que se tiene de sí mismo, ese sí MISMO, es el primer eslabón de la cadena hacia una sexualidad plena. Porque aquí miraremos no solamente el sexo como algo genital y extragenital, sino también como un elemento cultural implicado en una sexualidad sensorial.

Cuando caminamos por el parque, cruzamos la calle, nos sentamos en la oficina, preparamos la cena, nos interesa alguien especial, etc. Cada situación misma de la vida conlleva un gesto corporal. Aquí no hay palabras, las palabras se hacen con las manos, cuando levantamos el codo, cuando movemos la muñeca de la mano derecha, cuando guiñamos un ojo, cuando saboreamos nuestros labios o cuando corremos una silla y nos sentamos cruzando nuestra pierna derecha. En todo esto decimos algo, elaboramos una frase que ese otro o esos otros la pueden comprender.

Siempre hay que estar atentos. Es la primera parte de ese encuentro consigo mismo, al observar cómo funciona y cómo entra en el juego cotidiano, existirá siempre un espacio que será cubierto por nuestra propia energía vital, el cual será respetado y amado por los demás.

Fig. 30. Espacio y cuerpo

Ese maravillo elemento llamado CUERPO, se compone no solamente de los órganos vitales que ya conocemos, lo cubre también una telilla de una textura muy suave y firme llamada PIEL, órgano sexual extragenital, que produce una serie de sensaciones sexuales que deben ser estimuladas por el tacto, el olor, el sabor y también por objetos que se pueden colocar durante el juego amoroso (vestimenta, baño de lengua, fricciones y masajes, etcétera).

El *CASSOLETE,* palabra francesa que significa "cazoleta de perfume", es el perfume natural o artificial que produce una persona, atractivo muy importante para el acto sexual. Esta capacidad olfativa se posee por naturaleza, el ser humano despliega una cantidad de olores en el momento de la excitación que incita mucho más a una cópula satisfactoria.

Aquí se puede conocer si una persona está excitada o no. Esta sensibilidad puede variar en cualquier sexo. Al llegar al orgasmo, el olor seminal aparece en el aliento, esto constituye un estímulo muy importante para volver a empezar.

Cada cultura tiene una forma diferente de apreciar este estimulante sexual, en los primeros días de vida un bebé puede detectar el amor de quien lo protege a través del olor que esa persona emana. El truco está en no perder esa capacidad de descubrir el placer de un sentido que la naturaleza nos ha proporcionado.

En algunas tribus se cercena el clítoris a las mujeres. Se dice que las propias mujeres son quienes más insisten en la necesidad de que se mutile a sus hijas. En nuestra cultura la mujeres se han venido depilando las axilas.

Esa mata de vello axilar femenino no es otra cosa que las pequeñas antenas que poseen los seres humanos al entrar en una habitación, o para orientarse durante el acto sexual, también para pasarla por los labios de uno y de otro. Un profundo beso en la axila impregna al amante del perfume de su pareja.

Cuando se trata de un beso genital, empiécese con los labios escondidos, después sígase la caricia con los labios cerrados y ábrase entonces a su compañero (a) sexual. Éste es un medio seguro y consciente de la presencia de ese otro, aun antes de empezar a tocar todo el cuerpo.

Fig. 31. Cultura y sexualidad

Hacer el amor en la DUCHA constituye una aventura sexual gratificante, además se puede incluir una cinta para atarse al caño de la ducha, después puede realizar un BAÑO DE LENGUA, que puede iniciar por detrás para terminar en la parte delantera, y seguir con el coito o trabajo bucal y manual, acariciando sistemáticamente todo el cuerpo con las manos, suave y firmemente.

El BESO puede convertirse en una segunda penetración. La lengua del hombre puede imitar perfectamente lo que está sucediendo en otro lugar, mientras que la mujer lo puede convertir en otra vagina. Cualquier parte de nuestro cuerpo puede recibir besos. Pueden darse con los labios, la lengua, el pene, los labios vaginales o las pestañas.

Esta sensación placentera puede producir orgasmos, bajo el estímulo intenso de una batalla lingual. Es importante cubrir todo los espacios de nuestro cuerpo, boca, hombros, cuello, pechos, axilas, dedos de la mano, palmas, dedos de los pies, plantas de los mismos, ombligo, sexo, lóbulos de las orejas. Esto conduce a una completa fusión de un buen acto de amor.

El segundo blanco sexual que posee tanto el hombre como la mujer son los PECHOS. El grado de sensibilidad, en ambos sexos, varía enormemente. El tamaño no tiene gran importancia. Algunos no responden a ningún estímulo, otros son sensibles a caricias extremadamente suaves, mientras en algunos un manoseo rudo puede ser fuente de placer (¡cuidado!, son estructuras demasiado delicadas, no pierda la sensatez).

Los pechos se pueden convertir en una vagina. La mujer se apoyará sobre almohadas, inclinándose hacia adelante y el hombre arrodillado con las piernas separadas, poniendo el dedo gordo del pie en el clítoris, presentará el pene con el prepucio echado hacia abajo. Cualquiera de los dos puede juntar los pechos que envuelven el falo. El orgasmo en esta posición es tan completo como el de un coito normal. El hombre puede masajear los pechos con el semen de su eyaculación. Esta cópula tiene la misma calidad que en otras posiciones, en posición invertida o con ella encima.

Una de las regiones más erógenas son las NALGAS, son un poco menos sensibles que los pechos porque contienen músculos y grasas, por lo tanto, requieren de estímulos más fuertes.

Los movimientos musculares del coito estimulan las nalgas en ambos sexos, sobre todo si cada uno de los participantes sujeta la parte trasera de su pareja con una nalga en cada mano.

El OMBLIGO no sólo es decorativo sino que es el centro de muchas sensaciones sexuales que pueden cultivarse, resulta adecuado meter la lengua, el glande, el dedo gordo del pie, un dedo de la mano. Éste es un lugar de fantasías sexuales en la niñez como también la fascinación de los amantes.

Una importante fuente de placer es el PELO. Muchos amantes lo utilizan como estímulo, por su textura y el roce que se tiene con la piel del otro. Tanto el pelo de la cabeza, como el del cuerpo, como el del rostro. La predisposición y actitud que se tenga depende mucho del goce y satisfacción del momento.

El erotismo que encarnan los PIES en algunas ocasiones sirve de vía de comunicación. Son atractivos sexualmente para algunas personas. Se puede alcanzar un orgasmo con el pene entre las plantas de los pies en el hombre, y en el caso de la mujer puede conseguirse un orgasmo acariciándole un pie, un dedo o el lóbulo de una oreja.

LAS POSTURAS que se realizan durante la cópula resultan de gran interés para los juegos sexuales que se quieren realizar durante el acto. Ellas definen la creciente imaginación y la destreza corporal, algunas de ellas se pueden realizar sin necesidad de ser campeones de gimnasia olímpica ni nada por el estilo, es simplemente un estado de relajación que se debe tener después de practicar el contacto de excitación mutua.

Hay más de seiscientas posturas, pero la gran mayoría de la gente conoce hoy en día las posturas más corrientes, éstas son adecuadas para un orgasmo lento, algunas personas pueden conseguir el orgasmo en una sola postura. Es importante decir que algunas parejas logran probar muchas cosas, pero terminan por adaptarse a una o dos. Cada cultura maneja una forma diferente de realizar el coito y también le dan un nombre y explicación diferente a cada postura.

Mantener alzada a la mujer y el hombre levantar a la mujer apoyada contra una pared o un árbol, se denomina postura DE PIE, ésta no favorece mucho al orgasmo, sirve para prolongar el coito.

Fig. 32. De pie

Esta postura se puede realizar tanto por delante como por detrás, en cada caso se debe tener en cuenta la fortaleza de cada uno, o en otros casos recurrir a elementos cercanos que sirvan como punto de apoyo. La mujer debe de estar sujeta al hombre, enlazar sus brazos al cuello y éste sosteniéndola, realizar un balancín placentero.

La postura de LA CARRETILLA o postura inversa, consiste en que los dos miembros de la pareja permanecen boca abajo. Se realiza tanto en la cama, como en una banqueta*. La mujer debajo del compañero o también el hombre debajo y la mujer sobre él y a horcajadas echándose ella hacia atrás. Es una postura que presiona fuertemente las venas de la cara y el cuello, así que ¡cuidado!

---

* Asiento de tres a cuatro pies, sin respaldo

Postura en forma de X

La mujer sentada a horcajadas frente al hombre y con el pene totalmente introducido en su sexo, lentamente la mujer se echará para atrás hasta que la cabeza y el tronco de cada uno se halle entre las piernas bien abiertas del otro, momento en que se tomarán de las manos. Con igual lentitud y con movimientos ondulantes, se mantendrá la erección del hombre y la inminencia del orgasmo en la mujer durante largos lapsos de tiempo.

Posturas improvisadas

Buena parte de la diversión sexual está en la verdadera comunicación que se establece entre los verdaderos amantes. No es necesaria la palabra. Se deben dejar llevar por el impulso del momento con tal rapidez y destreza que no interrumpan de alguna manera la concentración y la excitación que reina en ese momento. Para ello se requiere de ingenio. En estas posturas IMPROVISADAS, se da el caso de una cópula breve y muy intensa, como de una larga con un matiz de goce distinto, sin tener en cuenta el lugar donde se lleve a cabo; un baño, un árbol, una silla, etcétera.

Postura del pez

La postura del pez, tal como su nombre lo indica, es hacer el amor a la manera de los peces. Ambos miembros deben estar atados, sobre una superficie plana y suave. Sobra decir que al final cada miembro desatará al otro, así que, no vaya a practicar está posición realizando el nudo de los marineros.

Postura matrimonial

La única que proporciona un orgasmo rápido, de penetración más profunda es la postura matrimonial, el hombre se sitúa encima con las piernas abiertas o entre las de la mujer, y ella debajo, de cara a él, con las piernas abiertas o entre las de su compañero, se adapta a cualquier estado de ánimo, punto de partida para cualquier secuencia sexual, es garantía de éxito seguro.

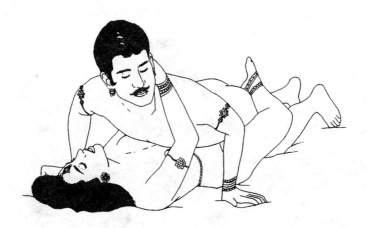

Fig. 33. Postura matrimonial

Los detalles para una excelente postura matrimonial tienen que ver con: una cama suficientemente dura, el uso de almohadas, la dureza o ternura, la forma en que cabalguen los amantes. Esta postura no se debe realizar cuando la mujer está en un estado avanzado de embarazo o cuando el peso de su compañero es excesivo en proporción con la mujer.

Posición amazona

La posición de amazona es la cópula en la que la mujer se coloca sobre el hombre, como una amazona, es la más practicada. Ambas son las posturas que permiten la mayor reciprocidad en el juego, pero ésta, ante todo, ofrece notables ventajas, tanto para el hombre como para la

Fig. 34. Postura amazona

mujer. Para el hombre, porque le permite mantener una cómoda postura acostado. Y sobre todo para la mujer, porque, al no soportar el peso mayor del hombre, puede controlar totalmente los movimientos y, por tanto, el grado de penetración y de presión, y el roce contra el clítoris, sin impedir las mutuas caricias. Es una postura que facilita considerablemente el orgasmo femenino previo al del hombre. Exige una erección perfecta y mucha delicadeza por parte de la mujer para no lastimar sin querer, con su peso, el pene de su compañero.

Posición en aspa

Es la idónea para mantener una cópula prolongada y coordinada. En la posición en aspa, los dos miembros de la pareja están sentados, la mujer sobre el hombre, ella se inclina hacia atrás para aproximarse ambos lo más posible, con las piernas suficientemente abiertas, y tomándose de las manos. Para ser aún más placentero el goce sexual del encuentro amoroso, veremos otra serie de juegos y posturas. Actitudes que permiten que tanto el uno como el otro desarrollen una excitación mutua y un orgasmo infinito.

Para la pareja sexual, a la cual va dirigido este manojo de opciones, es muy importante que tanto la comunicación como la ternura y el respeto por el ser humano sean los elementos que permanezcan intactos dentro del acto sexual. Todas estas ayudas conllevan un enlace de infinitas manifestaciones culturales y emocionales que todo ser humano reafirma ante el contacto con su otro igual, pero diferente. Esta diferencia enmarcada en muchos aspectos nos permite diversificar ese cúmulo de experiencias vivenciales, tanto corporales como también de nuestro entorno familiar, educacional, laboral, afectivo y espiritual.

Manipulaciones

Las manipulaciones se consideran como algo complementario de la cópula vaginal. Proporcionan un tipo de orgasmo diferente. Es decir, el orgasmo producido por una automanipulación es distinto del orgasmo provocado manualmente por la otra persona. La sexualidad de todo ser humano comienza a través de la manipulación, es una manera de descubrir nuestro cuerpo, nos abre un acceso hacia el otro, hacia el universo de las sensaciones.

Hacer deslizar el pene entre las palmas de las dos manos como si se amasara alguna pasta es una técnica que la mujer tiene a su disposición, sobre todo para producir la erección. Presionar firmemente con un dedo en el punto medio entre el pene y el ano es otra. Tanto para la preparación del orgasmo como para la consecución del mismo, el mejor método consiste quizás en poner la mano plana sobre la vulva, con el dedo mayor entre los labios de la misma y con este dedo entrando y saliendo de la vagina, mientras la parte protuberante de la palma presiona firmemente justo encima del pubis.

Fig. 35. Manipulación femenina

La comprensión es importante en este tipo de actividad sexual, se debe siempre pensar en la satisfacción del otro. Este efecto produce el mismo placer que un coito vaginal.

Coito y menstruación

Algunos prejuicios producidos a través de mitos e historias que conllevan el tema de la sexualidad femenina, todavía persisten, a pesar de encontrarnos con la electrónica, cibernética, viajes turísticos a la luna, etc. En algunos pueblos aborígenes de nuestro planeta, y qué no decir de la gente con un pensamiento moderno, la cual insiste en que la cópula durante la MENSTRUACIÓN resulta sucia y desagradable. Vale decir, que es más preocupante este pensamiento que el de pueblos que son supersticiosos, que lo ven más como "magia mala".

Para la mujer puede ser un periodo de máxima excitación y por demás –si existe alguna prevención– puede ser una excelente práctica para las técnicas de sustitución: penetración poco profunda, soliloquio labial, hacer el amor bajo la ducha, etcétera.

Ahora describiremos cinco posiciones que nos ayudarán a descifrar más este mundo de la sexualidad. Hacen parte de los juegos que hemos planteado y por lo tanto abrirán mucho más el panorama de los sentidos.

A la négresse: por detrás

La mujer boca abajo, con su cara apoyada en el suelo, las piernas abiertas y de rodillas, enlaza con las del hombre, el cual está detrás de ella, también de rodillas y sus manos apoyadas en las paletillas de ella y presionando. Posición que permite una penetración profunda.

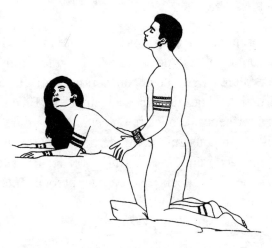

Fig. 36. Desde atrás

Caricia bucal

Como su nombre lo indica es la fricción que se ejerce con la boca en los órganos genitales. Esta sensación más que producir la cópula, alarga la sensación del clímax produciendo mucha excitación. Aquí se tienen en cuenta los olores sexuales, producidos a través de todo el periodo amatorio. Es conveniente trabajar alternadamente, es decir, primero uno y después el otro, ayuda a producir una cópula satisfactoria. Requiere de mucho cuidado, pues se trata de dar lo mejor de nosotros a nuestra pareja.

Croupade

Es la posición en que el hombre penetra a la mujer por detrás, es decir, todas las posturas de penetración trasera.

Cuissade

Posturas de media penetración trasera, en las que la mujer permanece envuelta de espaldas al hombre y éste la penetra por detrás con una de las piernas de ella entre las de él y la otra más o menos encogida.

Flanquette

Es la postura sexual en que los componentes de la pareja se colocan enfrentados sólo a medias; ella yace de cara a él con una de sus piernas entre las del hombre y, por consiguiente, una de las de él queda entre las de la mujer. Es el equivalente frontal de las *cuissades*. Estas posiciones permiten aumentar la presión del muslo del hombre sobre el clítoris siempre que él lo desee.

La petite morto: *muerte aparente*

Una experiencia no desagradable, aunque puede asustar al compañero o compañera de cama poco experimentado. Consiste en el desvanecimiento pasando realmente por la "pequeña muerte" de la poesía francesa. Las risas histéricas, el llanto o cualquier otra reacción imprevista relacionada con el orgasmo de algunas personas, no debe ser motivo de alarma, ni tampoco alaridos, ni convulsiones, ni nada parecido. Otros simplemente cierran los ojos, en realidad todo esto es una manera de aprender a conocer sexualmente a tu compañero o compañera de cama.

La posición frontal

Es la colocación frente a frente, y uno de ellos tiene ambos muslos entre los del otro: él, con las piernas de la mujer entre las propias piernas, o ella con las del hombre entre las suyas. Todas las variantes de esta postura permiten la penetración muy profunda, aunque no tanto la adecuada y necesaria comprensión del clítoris.

La penetración por detrás

Se utiliza de muchas formas, pero siempre con la imposibilidad del encuentro cara a cara, pero con una profundidad de penetración y el acceso de las manos a los pechos y al clítoris. Se realiza de pie, echados, arrodillados, sentados o con la mujer a horcajadas. La postura boca abajo es la mejor por la profundidad de la penetración que permite y por lo bien que encajan los participantes en la cópula.

Fig. 37. Penetración por detrás

Para ambientar mucho más este momento único y vital en la vida le sugerimos que además de estar muy diestro y diestra en todas las posiciones arriba mencionadas, se tome el momento de utilizar aditamentos externos que le ayuden a conseguir un mejor y mayor placentero encuentro.

Fig. 38. Entorno y sexualidad

La cópula anal

Se debe proceder con mucho cuidado, ya que es una práctica que puede ser muy dolorosa si se sufre de hemorroides. Este tipo de penetración es poco frecuente, aunque hay parejas heterosexuales que lo realizan con mucha regularidad y lo gozan muchísimo. La mujer debe permanecer arrodillada, bien inclinada hacia abajo, y el hombre deberá lubricarse el glande (con vaselina preferiblemente). Se debe realizar lentamente hasta llegar a una erección y la mujer debe inclinarse suavemente para facilitar su introducción. El ano es sensible en casi todas las personas, en algunas ocasiones puede ser gratificante, de lo contrario sólo pruébelo obedeciendo un impulso ocasional. Vale la pena decir que se debe tener toda la higiene posible si se deciden a practicar a continuación la cópula vaginal, ya que podrían exponerse a molestas infecciones de fermentos y otros microorganismos que habitualmente se encuentran en los intestinos, y no en la vagina o en la uretra masculina.

La cópula femoral

Servía para preservar la virginidad y evitar el embarazo, utilizado por ciertas culturas en dónde el anticonceptivo era antinatural. Se práctica tanto por delante como por detrás, o en cualquier postura donde la mujer pueda apretar sus muslos. El pene penetra entre ellos, deslizándose sobre los labios de la vagina, pero con el glande bien separado de la misma; la mujer se limita a mantener la presión, esta cópula produce una serie de sensaciones especiales, a veces más intensas que la misma penetración. Se puede utilizar como variante durante el periodo menstrual, o como caricia antes de la cópula matrimonial.

El control a distancia

Como su misma palabra lo indica es una sensación que se produce sin el contacto corporal pero que produce mucha excitación. Meter el pulgar entre los labios con la uña hacia abajo e imprimirle el ritmo apropiado, ambos sentirán en el lugar donde es lógico sentirlo. Este telecontrol puede lograr una excitación, erección y hasta un orgasmo. El lugar puede ser el extremo de una mesa, el palco de un teatro o el rincón de una habitación.

La karezza

Es un método de control total de los movimientos del hombre y de limitación de los de la mujer, de modo que solamente sean internos; el hombre debe moverse sólo lo suficiente para mantener la erección, y detenerse siempre que sienta aumentar la tensión.

La cópula con la ropa puesta

Como su misma palabra lo indica, un festín de caricias sin llegar al coito total. Es posible realizar este tipo de acoplamiento como preámbulo para el acto sexual en sí.

La masturbación lenta

Es una de las sensaciones más enloquecedoras dentro del acto sexual y proporciona un máximo placer para cualquiera de los miembros. Al realizarlo se pueden utilizar aditamentos, como por ejemplo atar las manos del compañero o compañera de cama y someterlo a un suplicio erótico inigualable. En el caso del hombre, sosténgale el pene por su base con su mano, y con la otra échele cuanto pueda la piel hacia abajo, utilizando el índice y el pulgar. Entonces comience una serie de sacudidas rápidas vivas y nerviosas. Después de unas veinte sacudidas de este tipo, dé al pene otras diez muy rápidas. Luego vuélvase al ritmo anterior, más lento. Y así sucesivamente. Si, por la agitación del cuerpo de su compañero y otros síntomas fácilmente detectables, nota que su pareja está a punto de eyacular, reduzca la velocidad de las sacudidas. Manténgalo en este estado preorgásmico tanto tiempo como crea que él podrá soportarlo. Cuando haya eyaculado desátelo tan pronto como pueda.

El hombre deberá comprobar, guiándose por los sonidos y los movimientos que observe en la mujer, el grado de sensibilidad de su clítoris para adecuar a ella sus caricias. Esta técnica en la mujer la puede llevar al paroxismo total. Debe él arrodillarse a horcajadas para mantenerla inmóvil. Sólo por el tacto de la piel de su pareja, el hombre conocerá cuál es el momento más oportuno para detenerse. Este procedimiento resulta ser un juego muy estimulante para ambos, los llevará al borde de la locura hasta llegar al orgasmo.

El solo de columpio o columpios y balancines

Es una sensación que experimenta el ser humano en cuanto a sus movimientos internos. Da la sensación para la mujer de estar flotando y para el hombre de poseer unas nalgas infinitas. El hombre debe colocarse en el asiento del mismo, y la mujer sentada frente a su compañero a horcajadas. Él impulsará el columpio. Si se practica este juego en el columpio de un jardín, se debe tener en cuenta que el orgasmo para la mujer es intenso y podría ocasionar desvanecimientos. Adaptarse al columpio y mantener sus oscilaciones es lo más aconsejable.

Fig. 39 Balancín

La otra vienesa

Posición que se puede tolerar durante poco tiempo, ya que presiona bastante los genitales de ambos. La mujer, si puede, debe cruzar los pies detrás de su cabeza, echada boca arriba, al hallarse en tal postura el hombre la sujetará fuertemente por los dos pies rodeándole los respectivos empeines con toda la mano y apretándose contra ella con todo el cuerpo. Se debe tener suficiente flexibilidad, no vaya a forzar la situación. Si hay poca experiencia el hombre echará los tobillos de ella hacia el estomago y las rodillas hacia los hombros y se dejará caer suavemente contra ella.

Coito a la manera sajona o coitus saxonus

Se oprime fuertemente la uretra del hombre para evitar la eyaculación y la concepción. Consiste en oprimir el cuerpo del pene cerca de la raíz misma, ésta debe ser fuerte, aunque sin causar dolor. Evitará la eyaculación misma. No es muy frecuente este tipo de coito, porque realmente no se sabe si es o no perjudicial interrumpir la eyaculación.

La pattes d'araignée *o patas de araña*

Masaje erótico que se practica con las yemas de los dedos procurando que los toques sean lo más ligero posibles. Este masaje se hace por: los pezones y su entorno, el cuello, el pecho, el vientre, las zonas interiores de los brazos, la parte central de la espalda, las plantas de los pies y las palmas de las manos, el escroto y el espacio entre éste y el ano. Estos toques deben ser ágiles y electrizantes. Se pueden utilizar algunos elementos como: plumas, guantes de cerda y vibradores. También con los dedos de los pies y el pelo de varios lugares del cuerpo.

La postillonage

Es muy popular en los libros eróticos franceses, es la introducción del dedo en el ano, puede producir erección en algunos hombres, así como el sentir un pequeño vibrador en algunas mujeres.

La feuille de rose

Hoja de rosa; es un juego en el cual deben ponerse de acuerdo, ya que es una práctica que puede gustar o no. Es la estimulación lingual del ano y el perineo tanto del hombre como de la mujer. Hay que lavarse cuidadosamente antes de hacer el amor para que de una manera natural se llegue a esta zona.

La cópula con penetración posterior

Ésta ofrece resistencia a muchas personas, sobre todo a ciertas mujeres, a quienes les recuerda demasiado la forma de copular de los animales. Para quienes tengan superada esta prevención, es una modalidad que puede realizarse cómoda y eficientemente en cualquiera de las modalidades: arrodillados, de pie, sobre las nalgas, y, al dejar las manos del hombre libres, éste puede acariciar fácilmente los senos de la mujer y estimular el clítoris.

La cópula a la florentina

Se denomina así la cópula que se efectúa mientras la mujer retrae hacia atrás la piel del pene, con dos dedos (índice o corazón y pulgar) en la base, manteniéndolos así durante ambos movimientos de penetración y extracción. Lograda la tensión adecuada, esta modalidad aumenta las sensaciones del varón, si bien precipita la eyaculación.

Existen muchos estímulos para hacer aún más placentera su estadía en la atmósfera amorosa que planteamos aquí. En ciertos lugares dedicados exclusivamente a la consecución de ciertos artefactos que sirven como incitación o ayudas para el logro de más placer sexual, encontramos diferentes tejidos, vestidos y equipos destinados a multiplicar el infinito goce sexual.

En otras culturas la utilización de artefactos que van unidos a los mismos órganos genitales convierten el acto sexual en un ritual ceremonioso, rico en expresiones de tipo corporal que magnifican el sentido exacto de la existencia. Estos accesorios son imprescindibles tanto para el hombre como para la mujer y señalan la iniciación de la sexualidad, entendida ésta como una etapa evolucionada de la condición humana.

En algunos grupos étnicos se insertan piedras debajo de la piel del pene para dar así una mayor excitación al acto, en otros se colocan anillos hechos de pluma en el cuello del pene, que ayudan a mantener una erección total. Nuestra modernidad, ahora cargada de muchos fetiches, no está por fuera de estos parámetros. Los jóvenes ahora utilizan ciertos aditamentos en su cuerpo, tal como lo hacían o lo hacen algunos grupos en particular, para realzar un tipo de estética visual que predomina fundamentalmente en ciertos lugares del cuerpo. El uso de tatuajes, anillos en el ombligo, paladar, lengua, nariz, caracterizan de una manera muy singular esta apreciación del lenguaje corporal.

VI. Estilos culturales

Fig. 40. Estilos y culturas

$\mathcal{L}$as sociedades en general conceden una gran relevancia al coito, al cual le deben prácticamente su existencia. Cada hombre y cada mujer desempeña su rol correspondiente, según los parámetros de cada cultura, sus creencias, las cuales son asumidas desde un punto de vista religioso, antropológico, sociológico y podría decirse que hasta político.

Hace mucho tiempo se ha pretendido empañar con tabúes e inhibiciones, la real importancia que la sexualidad tiene en la formación de una sociedad. Visto desde una perspectiva religiosa, el contacto hombre-mujer, en el ámbito sexual, es fruto de la experiencia matrimonial y por ende de la continuidad de la especie. En la cultura occidental, muchos sectores de la sociedad siguen funcionando a través del puritanismo, y dejan a un lado el significativo desarrollo que representa este tema para nuestra formación como seres humanos.

El comportamiento sexual cambia de una sociedad a otra, esto depende de su contexto sociocultural, el cual va enmarcando en una serie de conceptos, que se establecen o se derrumban con el tiempo. Modelos de comportamiento sexual admitidos y no admitidos generan un tipo de relaciones delimitadas, ya sea por leyes morales o sociales.

El Kama Sutra *y otras*
ESENCIAS MARAVILLOSAS

Este tratado hindú acerca de la sexualidad no se limita simplemente a la enseñanza de una experiencia amatoria, sino al camino del encuentro con nosotros mismos y nuestro entorno natural.

Para los indios el *Kama Sutra* es una Biblia sexual, conjugada con el placer, el goce y sus aditamentos propios, tales como: inciensos, ungüentos, plantas aromáticas, etc. Todo con el fin de alcanzar, seguramente, el dominio de los sentidos.

El *Kama Sutra* plantea que todo ciudadano que ha alcanzado un nivel de vida debe construir su existencia no solamente a partir de sus conveniencias económicas, sino que debe rodearla de múltiples estímulos que lo lleven a identificarse con su propio rango. De manera que el ciudadano al verse provisto de elementos propios para ello, sigue un ritual propio que lo lleva a enriquecer su espacio, en su sitio de remanso y amor.

Los deberes que debe cumplir en un día ordinario, teniendo en cuenta que ya tiene solucionado su modus vivendi, son: levantarse, lavarse sus dientes, bañarse y aplicarse aceites en su cuerpo, afeitar su cabeza incluida su cara, tomar el desayuno y relacionarse con los animales que tenga en su casa. Concluido esto debe tomar su siesta. Las comidas son por la mañana y por la tarde. Por la noche realiza cánticos y se dedica a la preparación propia en la habitación para la llegada de la mujer, entretenida con conversaciones y según los invitados que tenga en ese momento. Además, ocasionalmente realizan otro tipo de diversiones, festivales, reuniones sociales, etcétera.

De acuerdo con cada casta y según las leyes sagradas, los matrimonios se realizan con un ritual propio y exclusivo. Las mujeres se preparan para recibir la ofrenda nupcial de acuerdo con las leyes sagradas. Si la mujer, por conveniencia de sus padres, llega al ritual del matrimonio, así su cónyuge sea rico y a veces, con varias esposas, no se sentirá atraída por él. Lo más importante es la consumación amorosa y el placer del goce sexual.

En la noche de bodas: esto se da en todas las castas, la mujer y el hombre dormirán en el suelo, se abstendrán de placeres sexuales y no sazonarán los alimentos con especies ni sal, los próximos siete días se bañarán juntos y atenderán a las personas que lleguen a visitarlos. Al décimo día, el hombre comenzará a susurrarle cosas, a ganarse su confianza.

Ganada esta confianza, comenzará con los juegos de abrazos y besos por todo su cuerpo hasta llegar a sus lugares íntimos (esto puede darse en el transcurso de varios días). A partir de allí le dará las instrucciones de las sesenta y cuatro artes amatorias que existen. Así que esto nos lleva a plantear el juego amoroso como prerrequisito del coito. Como se ha dicho anteriormente esta cultura une su faceta sexual con todo un tratado humanístico perpetuado por siglos de educación.

En la unión sexual, los indios categorizan a los hombres en tres clases: el hombre-liebre, el hombre-toro y el hombre-caballo de acuerdo a su miembro viril (*lingam*). Las mujeres de acuerdo a la profundidad de su vagina (*yoni*) es una mujer-cierva, una mujer-yegua y una mujer-elefanta.

De acuerdo con lo anterior se dan uniones iguales que son: liebre-cierva, toro-yegua y caballo-elefanta. Las desiguales son: liebre-yegua, liebre-elefanta, toro-cierva, toro-elefanta, caballo-cierva y caballo-yegua.

Fig. 41. Noche de bodas

Estas uniones o desigualdades se dan a través del tamaño y pueden ser altas o bajas. El caballo y la yegua, y el toro y la cierva forman una unión alta. El caballo y la cierva forman la unión más alta. También las uniones se dan de acuerdo con la pasión carnal existente. Pueden ser uniones de: débil-mediana, débil-intensa, mediana-débil, mediana-intensa, intensa-débil e intensa-mediana. Igualmente se menciona el grado de duración y éstas corresponden a: los de breve, moderada y larga.

Estas manifestaciones pasionales, amorosas se dan de igual manera en hombres y en mujeres. Se da por sentado que la naturaleza de ambos es la misma. En la unión del hombre y la mujer se dan nueve clases de cópula, del mismo modo nueve conforme a la pasión.

Posiciones del **Kama Sutra**

Esta parte del *Kama Sutra*, que habla directamente de la unión sexual, posiciones y todo lo referente al contacto con el cuerpo es llamada también el sesenta y cuatro (*chatushsashti*). Según los seguidores de Babhravya consta de ocho partes: abrazo, beso, arañazo con las uñas o dedos, mordiscos, yacer, hacer sonidos diversos, desempeñar el papel de un hombre y el auparishtaka o unión bucal.

ABRAZO DE CONTACTO: Un hombre va delante o al lado de una mujer y toca su cuerpo.

ABRAZO DE PENETRACIÓN: Cuando una mujer penetra con sus pechos a un hombre sentado y ella en posición inclinada (como si fuera a recoger algo). Se da entre personas que no se conocen mucho.

ABRAZO DE FROTAMIENTO: En un lugar solitario la pareja pasea lentamente, es propicia la oscuridad.

ABRAZO DE OPRESIÓN: Cuando uno de ellos oprime al otro sobre una pared o columna.

Las clases de abrazos son:

Jataveshtitaka, o el enlazamiento de una enredadera, la mujer se enreda al hombre como una enredadera y le emite un sonido al oído "sut sut", un abrazo muy amoroso.

Vrikshadhirudhaka, o escalamiento de un árbol. La mujer coloca un pie sobre el pie del hombre y el otro sobre sus muslos y emite una leve canción-arrullo.

Tila-tandulaka, o la mezcla de semilla de sésamo con arroz. Los dos amantes están en posición horizontal abrazados estrechamente, frotando cada parte de su cuerpo.

Shiraniraka, o abrazo de leche y agua. La mujer sentada sobre las rodillas del hombre. Se abrazan violentamente sin percibir el daño que se hacen mutuamente.

También se da el abrazo de los muslos; el abrazo del jaghana, la parte del cuerpo comprendida entre el ombligo y los muslos; el abrazo de los pechos; el abrazo de la frente.

Fig. 42. Abrazo

Tanto los abrazos como los besos se dan alternativamente, pero son necesarios dentro de los parámetros de este texto-biblia para la cultura hindú. Para las jóvenes se dan tres clases de besos: beso nominal, boca con boca; beso palpitante, labio apresado en la boca; el beso de tocamiento, el labio de su amante se toca con la lengua.

También se puede apreciar que cuando los labios de los dos amantes se ponen en contacto directo se llama beso directo.

Cabezas inclinadas y así se besan se llama *beso inclinado.*

Cuando se inclina la cabeza y el mentón, se llama *beso de opresión.*

Hay cuatro clases de besos: moderado, contraído, oprimente o suave. También recibe otros nombres: *Beso que aviva el amor, Beso que distrae la pasión, Beso que despierta, Beso que muestra la intención, Beso transferido* y *Beso demostrativo.*

Los intensamente apasionados utilizan EL RASGUÑO como práctica amorosa, se da en ocho clases: sonora, media luna, un círculo, una línea, una uña o garra de tigre, una pisada de pavo real, el salto de una liebre y la hoja de un loto azul. Las uñas deben estar bien dispuestas, ser brillantes, limpias, enteras convexas suaves y pulidas y según su tamaño: pequeñas, medianas y grandes. Hay un versículo dentro del Kama Sutra que habla sobre las uñas "El amor de una mujer que ve las marcas de las uñas en las partes íntimas de su cuerpo, incluso cuando son antiguas y están casi borradas, recobra novedad y frescura. Si no hubiese marcas de uñas para recordar a una persona los pasos del amor, entonces el amor disminuiría, como ocurre cuando no existe unión durante un largo tiempo".

EL MORDISCO tiene sus clases bien diferenciadas a saber: el mordisco perceptible se llama *mordisco oculto.* Piel oprimida por ambos lados, *mordisco turgente.* Pequeña porción de la piel con dos dientes, *el punto.* Pequeña porción de la piel con todos los dientes, *línea de puntos.* Unión de labios y dientes, *el coral y la joya.* Mordisco con todos los dientes, *línea de joyas.* Elevaciones irregulares que forman un círculo, nube rota. Hileras gruesas, próximas unas a otras *mordisco del verraco.*

Fig. 43. Besos, rasguños y otros

Tipos de cópula

POSICIÓN AMPLIAMENTE: cuando la mujer baja la cabeza y eleva la parte media de su cuerpo.

POSICIÓN ABIERTA: cuando la mujer eleva los muslos y los mantiene separados.

POSICIÓN DE INDRANI: cuando la mujer coloca sus muslos con las piernas dobladas sobre ellos, unida a ésta va *la posición de apresamiento, la posición de enlazamiento* y *la posición de la yegua.*

POSICIÓN DE ABROCHAMIENTO: cuando las piernas del hombre y la mujer se extienden unas sobre otras.

POSICIÓN DE APRESAMIENTO: al iniciar la cópula la mujer apresa al hombre con sus muslos.

POSICIÓN DE ENLAZAMIENTO: la mujer cruza uno de sus muslos sobre el muslo del amante.

POSICIÓN DE LA YEGUA: tras la penetración la mujer retiene violentamente el lingam en su yoni.

POSICIÓN ELEVADA: la mujer extiende ambos muslos y los levanta.

POSICIÓN ABIERTA EN LO ALTO: la mujer levanta las piernas y las coloca sobre los hombros de su amante.

POSICIÓN DE OPRESIÓN: las piernas contraídas y el amante las coge así contra su pecho.

POSICIÓN DE OPRESIÓN MEDIA: extiende una de las piernas.

POSICIÓN DEL BAMBÚ HENDIDO: la mujer coloca una de sus piernas sobre el hombro de su amante y extiende la otra y continúa haciéndolo alternativamente.

FIJACIÓN DE UN CLAVO: cuando la mujer coloca una de sus piernas sobre la cabeza y extiende la otra.

POSICIÓN DEL CANGREJO: cuando ambas piernas de la mujer están contraídas y colocadas sobre su estómago.

POSICIÓN DE CARGA: los muslos están colocados y levantados uno sobre otro.

POSICIÓN DE LOTO: las canillas están colocadas una sobre otra.

POSICIÓN GIRATORIA: el hombre se vuelve durante la cópula y goza de la mujer sin abandonarla, mientras ella continúa abrazándolo todo el tiempo.

CÓPULA SUSPENDIDA: el hombre se apoya contra un muro y la mujer, sentada sobre sus manos enlazadas, lo abraza por el cuello, y apresando su cintura con los muslos se mueve mediante los pies, que tocan el muro contra el cual el hombre está apoyado.

Existen también otros tipos de cópulas: cópula de la vaca, cópula del perro, cópula del chivo, cópula del ciervo, cópula del gato, cópula del salto del tigre.

Estas cópulas se dan también según las regiones donde se practica, la observación de la naturaleza respecto a los animales se sitúa dentro de estos parámetros amorosos. En esto va incluido el amor, la amistad y el respeto hacia la mujer.

Golpes y sonidos

Estos golpes que van unidos a la pasión y al amor de los amantes se ubican en varias partes del cuerpo: los hombros, la cabeza, el espacio de los senos, la espalda, el jaghana o parte media del cuerpo y los costados.

Las clases de golpes son: golpe con el dorso de la mano, golpe con los dedos un poco contraído, golpe con el puño y golpe con la palma de la mano abierta.

Los sonidos son de ocho clases:

El sonido *hin*, el sonido del trueno, el sonido del arrullo, el sonido del llanto, el sonido *phut*, el sonido *phat*, el sonido *sut* y el sonido *plat*.

Tanto el hombre como la mujer deben tener en cuenta ciertos aspectos para así ser más placentero su encuentro sexual.

Avance: cuando los órganos entran en contacto directo.

Meneo: coger el lingam con la mano y se revuelve en el interior del yoni.

Penetración: cuando se baja el yoni, se golpea su parte superior con el lingam.

Frotamiento: se hace lo mismo con la parte inferior del yoni.

Opresión: se presiona el yoni con el lingam durante largo rato.

Dar un golpe: se retira el lingam a cierta distancia del yoni y luego se lo golpea con fuerza.

Golpe de un verraco: se frota con el lingam sólo una parte del yoni.

Golpe de un toro: se frotan ambos lados del yoni.

Juego de un gorrión: cuando el lingam está en el yoni se mueve hacia arriba y abajo con frecuencia sin retirarlo.

Las tenazas: cuando la mujer atrapa el lingam en su yoni, lo absorbe, lo oprime y lo conserva así durante un largo rato.

La peonza: durante la cópula comienza a girar como una rueda.

Columpio: el hombre eleva la parte media de su cuerpo y la mujer hace girar la suya.

Sobre la cópula bucal: se observa que está hecha por hombres y mujeres, quienes utilizan un cierto ritual de cambio de roles (hombres se disfrazan de mujeres y mujeres se disfrazan de hombres). En la India Oriental no recurren a las mujeres en esta práctica. Los de Ahichhatra, recurren a las mujeres, aunque no hacen con ellas cosas relacionadas con la boca. Los de la región del Shurasena, relacionan la cópula bucal con elementos de la naturaleza, los cuales tienen que ver con los animales. Para ellos la boca de la mujer siempre es limpia para el beso y cosas semejantes.

Las cópulas y otros juegos amorosos

Cópula amorosa: el hombre y la mujer se han amado durante largo tiempo y consiguen unirse a pesar de las dificultades, o el regreso de un viaje, o tras una reconciliación.

Cópula del amor subsiguiente: cuando su amor se halla todavía en la infancia.

Fig. 44. Copulación

Cópula de amor artificial: un hombre se excita a sí mismo por medio de las sesenta y cuatro formas, también cuando se unen y cada uno está ligado a otro amor.

Cópula de amor transferido: se ama a otro y se está haciendo el amor con otra persona.

Cópula como la de los eunucos: cuando se realiza la cópula con una mujer de casta inferior y dura hasta cuando el deseo queda satisfecho.

Cópula ilusoria: amor entre una cortesana y un rústico.

Cópula espontánea: se realiza entre dos personas ligadas entre sí y se lleva a cabo con el gusto de ambos.

Los juegos de los celos están incluidos dentro de los parámetros amorosos, es decir, una mujer no permitiría mencionar a su rival dentro de su casa. En caso que se dé ocasiona una disputa: llora, se enfurece, se desmelena, golpea a su amante, cae de su lecho y arroja sus guirnaldas y adornos y se tira al suelo.

En fin, son situaciones que cualquier ser apasionado viviría, pero aquí, son casi postulados a tener en cuenta. Su diversidad y su gran profundidad, en cuanto a sus leyes y su religión, delimitan en cierta forma los comportamientos más internos.

Los más versados en estas artes del Kama Sutra se sentirán plenamente satisfechos, ya que, su amante, esposa podrá deleitarse con el placer que significa gozar del sexo. Este texto está hecho para el placer de la mujer, pero con la plena certeza de que el conocimiento debe ser para el hombre.

EL EROTISMO CHINO

La sexualidad para los chinos es una manera de armonizar con las energías del cielo y de la tierra, es una forma de desarrollar la creatividad y su proyección con la naturaleza.

Para ellos el amor (en la China Antigua) es un arte, es decir, el arte de vivir y de deshacer los nudos corporales. Esta relación con el cuerpo indica la relación que se establece también con la psiquis, las emociones; ya que todas las tensiones y los reflejos desarmonizados se somatizan a través de diferentes dolores de índole muscular o de orden orgánico. Por ello se relaciona el cuerpo, el sexo, la emoción y la armonía con el Universo.

También esto forma parte de su religiosidad y por supuesto lo combinan con la técnica de la meditación, propia de los taoístas, influjo este que se simboliza a través de múltiples energías y movimientos para abarcar la totalidad, el cosmos.

El influjo de las fuerzas contrarias, propia de la naturaleza humana, corresponde para los chinos yin y yang (masculino y lo femenino). Cada persona consciente o inconscientemente utiliza sus fuerzas con el propósito de una mejor calidad de vida, en cuanto al terreno de lo espiritual.

Los chinos utilizan estos principios básicos para crear vida, una fuerza transformadora en constante evolución y por supuesto con un ritmo determinado. La naturaleza es su punto de partida. Este enlace entre lo psicológico y lo natural es la base para esa interacción dinámica de la existencia humana.

La sexualidad y la creación de la vida (no como función reproductora femenina) van unidas de la mano para dar rienda suelta a la energía que elabora cada ser dentro de su cuerpo (tanto corporal como psíquico). Entonces se idean técnicas y diferentes explicaciones en torno a lo sexual.

Se inicia así en la China antigua esta riqueza en detalles. Un elemento esencial de sus principios es que un hombre no debe gastar su energía y por ende retener su eyaculación para mayor satisfacción de su compañera de cama. Como era una sociedad polígama, se debía satisfacer a varias mujeres por una buena causa: la paz doméstica.

En cuanto al orgasmo, se debía llegar muy pocas veces, es decir, que la satisfacción estaba centrada en el contacto físico, en las posiciones y en las riquezas compartidas. La mujer aprovechaba el puro yang del hombre y éste a su vez el de la mujer. También la mujer podía tener varios orgasmos y el hombre detenerlos. Era bueno para él llegar a ese punto (sobre todo para la concepción) en algunas ocasiones. Esta técnica de la retención repercute en la concepción de la energía del yang, los cuales vienen de sus antepasados y por su puesto influye dentro de la vitalidad de la persona.

Fig. 45. Sexo y naturaleza

En cuánto a la práctica del sexo, era necesario ejercitarlo lo más a menudo posible y hasta la edad más avanzada. Es importante para los chinos el tema de la sexualidad, pero teniendo en cuenta la sintonización de su ser con la naturaleza. En este caso específico la cultura oriental lo tiene muy claro, tanto los chinos, los indios, los japoneses y los árabes (culturas que se trabajarán en este texto) relacionan su cosmogonía con el tema de la sexualidad como un solo ente catalizador de la energía vital para la existencia.

Hay algunas premisas necesarias que los chinos tienen en cuenta para su práctica sexual, a saber:

• El juego de la creatividad y el juego de la vida es natural.

• La noche ha llegado, caigamos en los juegos de amor en el dormitorio.

• Las razones más importantes y que son la base para hacer el amor son: balancear las energías, dar paz al corazón y dar fuerza a la voluntad.

• Dar a la mujer su orgasmo y evitar poner débil al hombre, ésas son las metas que desean alcanzar.

• El amor sabe el arte de adornarse a sí mismo con gracias artificiales por el fuego grande del amor.

• Si un hombre absorbe las energías de la cueva preciosa de una mujer bebiendo su saliva, da fuerza a su salud y tendrá una vida larga.

• La manera de hacer el amor es primero con caricias para tranquilizar a la Shen (espíritu) de la mujer, después se pasa a realizar el coito.

• Si haces el amor cien veces sin eyacular tendrás una vida larga.

• La brisa de sal se eleva del mar. La brisa del placer se eleva del deseo.

• ¡Oh!, entrar de atrás, la apertura dulce del amor.

Según el texto *Chinese Erotism*, presentado por Marc de Smedt y traducido por Patrick Lane, el yin y el yang como fuerzas generadoras de energía vital convierten al ser humano en un motor de sensaciones vitales y de una plena sexualidad.

Fig. 46. El placer de amar

En un texto el emperador pregunta a Huangdi (chica blanca) del arte del sexo.

—¿Qué pasa si uno evita practicar el sexo?

El amigo de Huangdi que sabía el secreto de Tao respondió:

—Eso está absolutamente fuera de cuestión. El yin y yang tienen sus variaciones como todas las cosas. El hombre es un sujeto en la ley de yin y yang, igual que es un sujeto frente al cambio del tiempo, y las estaciones. Sin coito, Shen no puede florecer. Si el falo del hombre no es activo, se pudrirá, tiene que ser activado con el método de Tao Yin, que consiste en moción sin emisión.

Pregunta a Xuannü (chica negra).

—Ahora de la técnica de yin y yang, quisiera saber las razones que la previenen.

Ella responde:

—La unión de yin y yang es necesaria para cada clase de movimiento en el universo. Yang se transmite cuando se acerca al yin, yin cambia cuando para el yang. El órgano del hombre se pone duro y el de la mujer se abre, los líquidos fluyen. Los hombres tienen que observar ocho estadios, las mujeres ocho palacios. Los que no siguen las reglas, pueden tener dificultades en periodos, o encontrar la muerte.

Los que las siguen tendrán vidas largas.

El emperador:

¿Y qué se obtiene de practicar el coito así?

—El hombre lo hace para generar energía, la mujer para evitar problemas físicos.

Para los dos significa dejar la energía entrar y salir fluidamente sin resistencia, y así calman la mente y el corazón. No sentirán ni hambre, ni saciedad, ni frío, ni calor, etcétera.

El emperador:

¿Si la mujer no experimenta placer y el falo del hombre no se erecta, qué se puede hacer?

—Yin y yang se desprenden. Si a yang le falta yin estará infeliz. Si a yin le falta yang no sabrá moverse. Si el hombre desea el coito y la mujer no o viceversa, si sus corazones no están de acuerdo, si hay brutalidad. Yin y yang no van a interactuar.

–*Propongo a Mi Majestad usar cinco reglas:* **Shen** *(estiramiento),* **Fu** *(inclinación),* **Yang** *(elevación),* **Quian** *(seguir adelante),* **Que** *(regresar),* **Qu** *(parar),* **Zhe** *(doblar).*

–*¿Qué pasa cuando practicas sexo sin eyaculación?*

–*La segunda vez los oídos y la vista se fortalecen. La tercera todas las molestias corporales se desaparecen. A la cuarta Wu Shen (los cinco espíritus) están en paz. A la quinta la sangre y las venas se mejoran. Después de la sexta vez la columna y espalda se fortalecen. La octava pone el cuerpo entero a brillar. La novena asegura que el hombre vivirá eternamente.*

–*¿Cómo se puede notar (el orgasmo) la satisfacción de la mujer?*

1. Su piel se pone roja, en este momento el hombre la debe besar suavemente.

2. Sus senos endurecen y su respiración aparece en su nariz, ahora el Jade Stem (sexo del hombre) debe penetrar lentamente.

3. La garganta se pone seca y traga saliva. Ahora el Jade Stem se mueve suavemente.

4. Su vagina está muy mojada, ahora debe penetrar profundamente.

5. Sus secreciones fluyen hasta el perineo, ahora se penetra y regresa el movimiento en ritmo suave.

Fig. 47. El orgasmo

—Cuéntame del coito con fantasmas.

—Es algo que puede pasar por exceso de ganas o falta de coito. Los hombres pueden disfrutar el sexo imaginario, pero esto es algo enfermo, es una perversión
del alma. Se cura con la práctica del coito sin parar por
varios días, o con irse al bosque o a las montañas para
pensar solamente en el sexo".

Otros preceptos chinos

• No se debe practicar el sexo en el principio o al final del ciclo de la luna, en luna llena, durante eclipse
de sol o de luna.

• Tampoco después de comer.

• Un hijo que nace un día de lluvia o viento fuerte, será de temperamento irritado, bravo, deprimido, eufórico, sordomudo, etc.

• Si un hombre durante una conversación convence a la mujer de hacer el amor, el resultado puede ser dolor en el pene. Enfermedades mórbidas pueden atacar los órganos.

• Lo mejor es hacer el amor con muchas personas diferentes. Si la misma pareja practica el sexo por demasiado tiempo, los líquidos de la mujer pierden su fuerza, y ya no sirven para dar fuerza al yang.

• Si la mujer escucha a su pareja hacer el amor con otra mujer no se debe enfadar o poner celosa. Su energía yin se resiente y se pondrá en poco tiempo más vieja y así tiene que cuidarse mucho.

Para los taoístas, la vigorosidad de la mujer es mucho más fuerte que la del hombre, así como el agua es más fuerte que el fuego. Algunos textos dicen que la mujer puede disfrutar de hacer el amor hasta ocho veces.

Las posiciones para los chinos varían, se trata de unas treinta, casi como en el resto de culturas, pero con algunas variaciones.

Se empieza con movimientos suaves penetrando y después alternando con más fuerza. En esas técnicas la respiración era muy importante para conseguir calma y control. Relajación, paciencia, caricias y conocimiento de la pareja y un cuerpo, todas estas cosas eran la base de la sexualidad y su placer.

Se pensaba que en la emisión de yin y yang "la perla del fuego", partes del hombre que estaban escondidas, se podían abrir como una flor, permitiéndole "ver su cara verdadera, tal como era antes de nacer".

Para los chinos el miembro del hombre como el de la mujer tiene un nombre determinado como: Jade Stalk (tallo cansado), pájaro rojo, el pilar del dragón celestial o phallus, y el de la mujer recibía nombres como: flor abierta, la puerta roja, el lotus dorado, Yu-hu y shu-shu.

Este pequeño viaje por la sexualidad de la China tiene la intención de aclarar o de informar acerca de cómo esta cultura por siglos y siglos ha utilizado el sexo como parte de la formación y aprehensión cultural de sus gentes. Cada elemento tiene un significante y su relación con los elementos de la naturaleza muestra lo importante que era para ellos la relación en el hecho sexual y la creación de la vida.

TANTRISMO Y SEXUALIDAD

Osho, místico de nuestro tiempo, ha realizado numerosos estudios acerca de la espiritualidad y la forma como se debe mantener un cuerpo y un espíritu en armonía. Básicamente sus teorías están basadas en teorías de carácter oriental, principalmente hindú, en donde a través de numerosas técnicas de meditación se puede llegar a una total aceptación y comprensión de nuestro entorno.

En cuanto a la sexualidad ha profundizado, no tanto en técnicas, ni posiciones amatorias o cópulas específicas a la hora de hacer el amor, sino en una forma espiritual de llegar a ese otro, encontrándose con su propio Yo y estableciendo una singular sincronía con el sentimiento y la emoción que se posee. En este caso, la pasión sexual que unida al sentimiento del amor, fusionan un encuentro único y especial para el ser humano.

Para fusionar esa carga emotiva y pasional del encuentro entre dos, es importante acercarse más a uno mismo y convivir con uno mismo. Al realizar el enlace, los dos deben convertirse en uno, despojándose de inhibiciones y de pensamientos que desconcentran la acción verdadera.

Esta teoría tántrica visualiza al sexo como un todo, como la cosa más hermosa, cuando el encuentro es perfecto, cuando los dos se vuelven un solo ritmo y fluye el prana de manera circular. Aquí se llega al clímax perfecto y de una forma meditativa. Es decir, lo masculino y lo femenino, lo negativo y lo positivo desaparecen y se convierte en una unidad cósmica y pura.

Osho dice: "Tu mujer, tu marido, tu amiga, tu amigo pueden ser una gran ayuda si ambos experimentáis profundamente. Permitiros el uno al otro total descontrol. Regresad al Jardín del Edén. ¡Arrojad la manzana, el fruto del árbol del conocimiento! Sed Adán y Eva antes de ser expulsados del Jardín del Edén. ¡Regresad al Jardín del Edén! Sed inocentes como los animales y permitid la expresión total de vuestra sexualidad, y nunca volveréis a ser los mismos".

Plantea, ante todo, conocer el camino que te lleve a sentir una profunda excitación con el entorno en que te ubicas. Llegar a ese punto puede significar que has dado un gran paso. Proponte utilizar los elementos que tienes a tu alcance para permitir un completo desarrollo de tu sexualidad y el sexo como eje purificador.

El tantra aporta una dimensión superior, una total relajación. En el encuentro, tanto el uno como el otro, aportan una energía, energía vital. Ésta se vuelve un círculo y por supuesto su movimiento es circular. No se pierde, se gana, ya que en el contacto sexual con el otro las células se estimulan y se excitan. Se puede prolongar el acto sexual durante mucho tiempo, sin eyacular, sin desbordar la energía. En ese momento ésta se transforma en una meditación.

La sexualidad en el mundo del islam

Creemos que la situación que vive la mujer en el mundo árabe ha sido la misma desde siempre. Sin embargo, los historiadores nos dicen que existió otra etapa, anterior a Mahoma y el Corán, en la que los pueblos árabes tenían diosas a las que les rendían culto y en la que las mujeres tenían otros derechos y otra vivencia de su sexualidad.

Esta etapa la denominaban la Yahiliya. Para los seguidores del islam esta etapa no era otra cosa que una era en la que imperaban las costumbres bárbaras y el "salvajismo pagano".

En esos años las diosas más veneradas eran tres: Allat, All-Ozza y Manat. Allat era una versión árabe de la diosa griega Atenea, All-Ozza era una diosa de una gran hermosura parecida a Venus, Manat era la diosa del destino y de la muerte. Las leyendas islámicas nos hablan de la eliminación de estos cultos por su profeta Mahoma. En cierto modo con estas diosas se enterraron los pocos derechos de la mujer árabe y se impusieron los varones árabes al mundo femenino.

En esta remota época las mujeres tenían el derecho a repudiar a su marido, en ocasiones podían escoger a sus futuros compañeros y se daba también una especie de poliandria, en la que una mujer podía tener varios maridos, y si llegaba a quedar embarazada podía elegir a uno de estos hombres como padre de su hijo.

Existía también una situación mas relajada de las costumbres sexuales en la que se daban intercambios de hermanas e hijas y en las que en ocasiones el hombre podía ofrecer los favores de su esposa a un amigo, en calidad de obsequio y cortesía.

Todo esto quedó enterrado después de imponerse el islam. Las mujeres fueron recluidas bajo la potestad del marido. El hombre pasó a tener el derecho exclusivo de repudio de su mujer y pudo tener hasta cuatro esposas. La mujer pasó a ser propiedad de su marido y su papel se limitó al de ser objeto de placer o procreadora de hijos.

Tras este drástico cambio pareció esconderse un miedo supersticioso al poder de seducción de la mujer y todavía más. Edemute Heller y Hassuona Mosbahi plantean en su libro *Tras los velos del islam* que la causa última de esta reclusión de la mujer y esta reglamentación de sexualidad en el mundo árabe no era sino una manera de domeñar la desbordada sexualidad del mundo árabe, que al contrario del mundo occidental, en el que el ordenamiento social se impone a través de tabúes que asume la gente en su mundo privado, era imposible de atajar.

Nos dicen en el libro *Tras los velos del islam*: *por el contrario, la sociedad islámica no consiguió evidentemente conducir a sus miembros –sobre todo a los varones– a que adquirieran ese sentido íntimo de los tabúes sexuales. Por consiguiente, la observancia de las normas morales hubo que imponerla por la fuerza mediante medidas extrínsecas: por medio de la separación rigurosa entre los sexos, por medio del enclaustramiento de la mujer o de la obligación de que ella se cubriera con el velo, y por medio de una permanente supervisión de la mujer".*

Paralelo a esta estricta reglamentación religiosa de la sexualidad, vemos al mundo árabe desplegar en su literatura y en sus expresiones artísticas un erotismo prodigioso y un culto, entre asustado y embelesado, a la hermosura tanto de las mujeres como de los hombres. Sus poetas le cantan al amor y a la hermosura desde la época preislámica, pasando por el apogeo del imperio árabe y hasta nuestros días.

Paradójicamente la sexualidad árabe así reglamentada está acompañada de menos prejuicios y terrores que el del mismo mundo cristiano occidental. La sexualidad dentro del matrimonio es alentada sin gazmoñerías, ni hipocresías. Claro está que la mujer tiene dentro de sus deberes insoslayables los de complacer a su esposo cuando lo requiera. Pero él también de cumplir su "función" con cuidado de no crear conflictos entre sus esposas.

Al contrario que la religión cristiana, el islam no conoce conceptos como el del celibato o la conveniencia de la vida ascética. El mundo árabe orienta su sexualidad hacia la satisfacción placentera de los hombres en el matrimonio, de manera que puedan liberarse de otras tentaciones y finalmente dedicar sus esfuerzos a las tareas del Dios, Mahoma y el islam.

Su sexualidad está muy alejada de la idea cristiana de la "carne pecadora" o de la prohibición a sus sacerdotes de "no tocar mujer". Al contrario, concibe la sexualidad como el cumplimiento de la voluntad de Dios. Dice uno de sus seguidores: "Entregarse a la sexualidad con todo placer, significa manifestar a Dios la propia gratitud por el eterno milagro de la renovación de la vid".

De esta manera, recomiendan a los hombres preludiar el acto sexual con tiernos juegos de amor y a las mujeres las llaman a ponerse hermosas y limpias para sus esposos. Parte de su ritual erótico incluye el perfume, los cambios de peinado, la depilación de las zonas genitales, el arreglo de los vestidos y mucho más.

Esta sexualidad permite todas las posiciones y los juegos eróticos, menos el coito anal. Dicen sus textos sagrados: "Las mujeres son vuestro campo. Id a vuestro campo como os plazca".

La cultura árabe atribuye al acto sexual hasta propiedades favorecedoras de la salud. Piensan que es remedio contra la hipocondría, la epilepsia y la demencia. El imán Suyutí expresa en uno de sus textos el entusiasmo por las posibilidades de su sexualidad de esta manera:

"¡Alabado sea Dios, que creó esbelta a la mujer para que ella pudiera resistir el impetuoso ataque de los miembros viriles!... ¡Alabado sea dios, que hizo que el pene del hombre se pusiera erguido y duro como una lanza, para que pudiera penetrar en la vagina de una mujer!... ¡Alabado sea Dios, que nos dio la satisfacción de morder los labios y chuparlos, pecho con pecho, muslo con muslo y que puso nuestro talego en el umbral de la misericordia!"

Por otra parte, y como ya mencionábamos antes, se da importancia a los preludios amorosos. El jeque tunecino Nefzaui, después de invocar la ayuda de Dios da la siguiente recomendación a los hombres:

"Los primeros besos hay que darlos en las mejillas, luego en los labios y finalmente en los pechos, para que éstos se pongan túrgidos. Luego se va descendiendo lentamente hacia el vientre hasta llegar a la delicada bóveda; después se hace que la lengua penetre astutamente en el hueco del ombligo y finalmente en un hueco más íntimo todavía... Es el arte de desarrollar plenamente la sensualidad femenina y de conseguir así el más alto

placer. Sin apresuramientos hay que ir cumpliendo to-
das las formalidades que son las necesarias etapas que
preparan el placer perfecto".

También recomienda que al finalizar el acto, el hombre debe retirar su miembro lenta y cuidadosamente, debe permanecer tiernamente al lado de su mujer y no comportarse como si fuese un "tipo que monta a su mujer como si fuera un asno".

Apogeo del erotismo árabe

Después de la muerte de Mahoma y de la expansión y florecimiento del imperio árabe, tanto en su etapa en la que tenía como centro Damasco, y más tarde cuando se traslada a Bagdad, los califas despliegan sin medida sus obsesiones eróticas.

Construyen palacios, que semejan la anticipación terrena de su anhelado paraíso en la otra vida. La construcción de sus sedes reales incluían fuentes cristalinas, aromas, espeso verdor, frutas, música y hermosas esclavas. Todo con el único fin de realizar de manera estética sus artes eróticas.

El permiso que les otorga el Corán de dormir con sus esclavas, se convierte en su coartada para desplegar una entusiasta erotomanía. Los califas llenan sus palacios con hermosas y cultas esclavas, y un signo de su poder tanto material como varonil se medía por el número de ellas en sus palacios.

Por su parte, las mujeres esclavas tenían acceso al mundo del arte y la ciencia en mayor medida que las llamadas mujeres libres o esposas. Estas últimas limitaban su saber a los terrenos religiosos. Mientras que las esclavas, al ser un valor añadido aquello de sus dotes artísticas, cultivaban un mundo que les era vedado a las demás mujeres árabes. Eran famosas, sobre todo, las esclavas cantantes, que eran objeto de apasionados amores y romances.

En esta etapa se afianza en el mundo de la literatura árabe el culto y la glorificación de la sexualidad, asumida como arte y como ciencia. Los poetas le cantan a la belleza y al amor sin tapujos.

Uno de los más excelsos poetas árabes, de la España musulmana. Hazm al Andalusi, de Córdoba, nos dice en uno de sus escritos:

"Uno de los aspectos del amor es la unión amorosa que constituye una sublime fortuna, un grado excelso, un alto escalón, un feliz augurio; más aún: la vida renovada, la existencia perfecta, la alegría perpetua, una gran Misericordia de Dios".

No obstante hay que aclarar que todo este despliegue erótico se daba sobre todo entre las clases altas de la sociedad árabe. Era otra la vivencia del amor y la sexualidad entre los menos favorecidos. Se habla incluso de una separación radical entre "el amor de los beduinos" y el amor de los habitantes de las ciudades. Los refinamientos, las esclavas y la literatura hacían parte del mundo de los califas. Los beduinos solían tener una sola esposa y sus duras condiciones de supervivencia no le permitían mayores disquisiciones y placeres.

Posiciones recomendadas a los árabes

1. PRIMERA POSICIÓN: Haces que la mujer se eche de espaldas y flexione en alto los muslos; tú te pones entre sus piernas e introduces tu miembro. Luego, al apretar tus dedos de los pies contra el suelo, puedes efectuar el movimiento apropiado. Esta postura es conveniente sobre todo para el hombre que tiene largo el pene.

2. SEGUNDA POSICIÓN: Si tienes un miembro corto, pon de espaldas a la mujer, flexiona en alto sus piernas, de tal manera que la derecha esté cerca de su oreja derecha, y la izquierda esté cerca de su oreja izquierda, y en esta postura, en la que están alzadas sus nalgas, resaltará su vulva. Entonces introduce en ella tu miembro.

3. TERCERA POSICIÓN: Pon a la mujer extendida sobre la tierra y sitúate entre sus muslos; pon luego una de sus piernas sobre tu hombro, y la otra, bajo tu brazo, cerca de tu sobaco; estando así penetra en ella.

4. CUARTA POSICIÓN: Pon a la mujer en la tierra y sus rodillas sobre tus hombros; en esta posición, tu miembro llegará exactamente frente a su vulva, que no debe tocar la tierra. Luego puedes introducir tu miembro sin dificultades.

5. Quinta posición: Pon de costado a la mujer; tú te echas de costado junto a ella, avanzas entre sus muslos e introduces tu miembro en su vulva. El hacer el coito de costado favorece el reumatismo y los dolores de cadera.

6. Sexta posición: Pon a la mujer sobre sus rodillas y sus codos, como si adoptara una postura para la oración. En esta posición, la vulva se echa hacía atrás; carga sobre ella e introduce en ella tu miembro.

7. Séptima posición: Pones de costado a la mujer, te pones en cuclillas entre sus muslos, de tal manera que tengas una de sus piernas sobre tu hombro y la otra entre sus muslos, mientras ella está echada de costado. Luego penetras en ella y le haces a ella efectuar el movimiento, rodeándola con tus manos y trayéndola hacia tu cuerpo.

8. Octava posición: Pon a la mujer con su espalda sobre la tierra y haz que cruce las piernas; después ponte de rodillas sobre ella como un jinete, de tal manera que sus piernas estén entre sus muslos, e introduce tu miembro en su vulva.

9. Novena posición: Pones a la mujer en una postura tal, que su rostro, si prefieres su espalda, se apoye sobre algo que esté a altura moderada, mientras los pies de ella descansan en tierra. De esta manera ella te presenta su vulva para que introduzcas en ella tu miembro.

10. Décima posición: Recuesta a la mujer en un sofá bajo, a cuyo respaldo pueda ella sujetarse con las manos, luego llegas tu desde abajo, levantas sus piernas a la altura de tu ombligo, mientras ella te rodea con sus

piernas que reposan ambos lados de tu cuerpo. En esta postura, introduce tu miembro, asiéndote tú mismo al respaldo del sofá. Cuando entres en acción, cada uno de tus movimientos debe acompasarse a los movimientos de la mujer.

11. UNDÉCIMA POSICIÓN: Pon a la mujer con la espalda sobre la tierra, apoyando sus nalgas en un cojín; ponte luego entre las piernas de ella, aprieta la planta de su pie derecho contra la planta de su pie izquierdo e introduce tu miembro.

Para terminar este apartado y a modo de dato curioso mencionaremos algunas maneras de llamar los órganos genitales femeninos y masculinos de los árabes.

Órgano masculino

El dekeur: el miembro viril.

El khorrate: el que corre de aquí para allá.

El fortass: el calvo.

Abou aine: el que tiene un ojo.

El besiis: el desvergonzado.

Órgano femenino

El hezzaz: el que se mueve de acá para allá.

El mezou: la profunda.

El addad: la que muerde.

El meussas: la que chupa.

El harr: la ardorosa.

Glosario

Ablación: extirpación de un tejido, o parte del organismo, mediante procedimiento quirúrgico.

Amenorrea: ausencia o cese de los periodos menstruales.

Andrógenos: grupo de hormonas que estimulan el desarrollo de las hormonas sexuales masculinas y las características sexuales secundarias masculinas. La fuente principal de estas hormonas son los testículos, aunque pueden ser también segregadas por los ovarios.

Apnea: suspensión temporal de la respiración por cualquier causa. Tales ataques son corrientes en los recién nacidos.

Apocrinas: se refiere a las glándulas sudoríparas que se localizan únicamente en las zonas pilosas del cuerpo, especialmente en la axila y la ingle.

Atavismo: fenómeno en el que un individuo presenta un carácter o enfermedad que se ha producido en un antepasado remoto, pero no en sus padres.

Bisexual: individuo que se siente sexualmente atraído por hombres y mujeres o que posee las cualidades de ambos sexos.

Células germinales: cualquiera de las células embrionarias con capacidad potencial para desarrollar espermatozoides u óvulos.

Cérvix uterino: conducto estrecho en la zona inferior del útero que comunica con la vagina.

Contracciones tónicas: acortamiento de los músculos como respuesta a un impulso motor nervioso.

Cuerpos cavernosos: los dos senos sanguíneos cilíndricos que forman el tejido eréctil del pene y del clítoris.

Cuerpo lúteo: tejido glandular del ovario. Segrega la hormona progesterona, cuya función es preparar el útero para la implantación del óvulo fecundado.

Diafragma: capuchón hemisférico de goma colocado en el interior de la vagina, sobre el cuello de la matriz, como anticonceptivo.

Escápulos: hueso del hombro, par y triangular, que forma la parte posterior de la estructura ósea a la que están unidos los huesos de las extremidades superiores.

Esfínter anal: anillo especial de músculo que rodea el orificio anal. Las contracciones del esfínter cierran total o parcialmente el orificio.

Eyaculación: descarga de semen por el pene en erección durante el clímax sexual del varón.

Frenillo: pliegue de la piel que se extiende por encima de la punta del pene o que rodea al clítoris.

Gameto: célula sexual madura: el óvulo de la hembra y el espermatozoide del macho. Cada uno de los gametos contiene la mitad del número normal de cromosomas.

Genitales: órganos de reproducción tanto del varón, como de la hembra. Sin embargo, esta palabra suele utilizarse para referirse a la parte externa de los órganos de reproducción.

Glande: extremo del pene en forma de bellota, formado por la extremidad ensanchada del cuerpo esponjoso (tejido eréctil).

Glándulas bulborretrales: también llamadas glándulas de Cowper. Par de glándulas que se abren en la uretra a nivel de la base del pene. Su secreción contribuye a formar el líquido seminal.

Incesto: relación sexual entre parientes próximos.

Miotonía: trastorno de las fibras musculares que provoca contracciones anormales prolongadas.

Mucosa: membrana húmeda que reviste numerosas estructuras tubulares y cavidades del organismo humano.

Obnubilación: acción de anublar, oscurecer, ofuscar.

Perversión: cualquier conducta sexual anormal. La anormalidad puede referirse al objeto sexual (como en la homosexualidad, el fetichismo) o la actividad que se ejerce (sadismo o exhibicionismo).

Progesterona: hormona amarilla segregada por el cuerpo amarillo del ovario. Ésta es la responsable de la preparación del revestimiento interior del útero para el embarazo. Si la fecundación se produce, la progesterona mantiene el útero durante todo el embarazo e impide la liberación de nuevos óvulos del ovario.

Prostitución: acción de mantener relaciones sexuales con otras personas a cambio de dinero.

Rubefacción: enrojecimiento y calentamiento de la piel.

Sínfisis púbica: articulación entre los huesos púbicos de la pelvis y las articulaciones de la columna vertebral, que están separados por discos intervertebrales.

Tejido eréctil: colección de células especializadas para provocar erección o hacerse erecto. El pene está predominantemente formado de tejido eréctil.

Transexual: condición del que firmemente cree que pertenece al sexo opuesto al que genéticamente tiene. Las raíces de esta creencia suelen iniciarse en la infancia.

Travestismo: condición mediante la que se obtiene placer sexual vistiendo ropas del sexo opuesto. Puede presentarse tanto en personas heterosexuales, como homosexuales y puede estar relacionada directamente con conductas masturbatorias o sexuales de otro tipo.

Túbulos seminíferos: uno de los largos túbulos (estructura cilíndrica hueca) enrollados que forman la masa de los testículos.

Tumescencia: hinchazón de una parte del cuerpo, generalmente provocada por la acumulación de sangre u otros fluidos en los tejidos.

Vasodilatación: incremento del diámetro de los vasos sanguíneos, especialmente las arterias.

Vasoconstrictor: agente que provoca el estrechamiento o contracción de los vasos sanguíneos y, por lo tanto, la disminución de la corriente sanguínea.

Índice

Impreso en Offset Libra

Francisco I. Madero 31

San Miguel Iztacalco,

México, D.F.